PCCR DO MAGISTÉRIO DE ANANINDEUA
IMPLEMENTAÇÃO, LUTAS E CONQUISTAS

Editora Appris Ltda.
1.ª Edição - Copyright© 2024 da autora
Direitos de Edição Reservados à Editora Appris Ltda.

Nenhuma parte desta obra poderá ser utilizada indevidamente, sem estar de acordo com a Lei nº 9.610/98. Se incorreções forem encontradas, serão de exclusiva responsabilidade de seus organizadores. Foi realizado o Depósito Legal na Fundação Biblioteca Nacional, de acordo com as Leis nᵒˢ 10.994, de 14/12/2004, e 12.192, de 14/01/2010.

Catalogação na Fonte
Elaborado por: Josefina A. S. Guedes
Bibliotecária CRB 9/870

P436p 2024	Pereira, Marilene da Silva Feijão
	    PCCR do magistério de Ananindeua: implementação, lutas e conquistas / Marilene da Silva Feijão Pereira. – 1. ed. – Curitiba: Appris, 2024.
	    177 p. ; 23 cm. – (Educação — Políticas e debates).
	
	    Inclui referências.
	    ISBN 978-65-250-5674-6
	
	    1. Professores – Salários. 2. Professores – Educação básica. 3. Educação e Estado. I. Título. II. Série.
	
	                                                    CDD – 791.43

Livro de acordo com a normalização técnica da ABNT

Appris editora

Editora e Livraria Appris Ltda.
Av. Manoel Ribas, 2265 – Mercês
Curitiba/PR – CEP: 80810-002
Tel. (41) 3156 - 4731
www.editoraappris.com.br

Printed in Brazil
Impresso no Brasil

Marilene da Silva Feijão Pereira

PCCR DO MAGISTÉRIO DE ANANINDEUA
IMPLEMENTAÇÃO, LUTAS E CONQUISTAS

FICHA TÉCNICA

EDITORIAL	Augusto Coelho
	Sara C. de Andrade Coelho
COMITÊ EDITORIAL	Marli Caetano
	Andréa Barbosa Gouveia - UFPR
	Edmeire C. Pereira - UFPR
	Iraneide da Silva - UFC
	Jacques de Lima Ferreira - UP
SUPERVISOR DA PRODUÇÃO	Renata Cristina Lopes Miccelli
PRODUÇÃO EDITORIAL	Miriam Gomes
REVISÃO	Rafaela Mustefaga Negosek
DIAGRAMAÇÃO	Andrezza Libel
CAPA	Eneo Lage
REVISÃO DE PROVA	Renata Cristina Lopes Miccelli

COMITÊ CIENTÍFICO DA COLEÇÃO EDUCAÇÃO — POLÍTICAS E DEBATES

DIREÇÃO CIENTÍFICA Andréa Barbosa Gouveia

CONSULTORES

Amarildo Pinheiro Magalhães - IFPR

Ângela Mara de Barros Lara - UEM

Angelo Ricardo de Souza - UFPR

Cláudia Cristina Ferreira - UEL

Dalva Valente - UFPA

Denise Ismênia Grassano Ortenzi - UEL

Edcleia Aparecida Basso - UNESPAR

Fabricio Carvalho - UFPA

Fernanda Coelho Liberali - PUC-SP

Geovana Lunardi - UDESC

Gilda Araujo - UFES

Gladys Barreyro - USP

Juca Gil - UFRGS

Magna Soares - UFRN

Marcia Jacomini - USP

Marcos Alexandre Santos Ferraz - UFPR

Maria Dilnéia Espíndola - UFMS

Maria Vieira Silva - UFU

Marisa Duarte - UFMG

Nalu Farenzena - UFRGS

Odair Luiz Nadin - UNESP

Regina Cestari - UCDB

Rosana Evangelista Cruz - UFPI

Rosana Gemaque - UFPA

Savana Diniz - UFMG

INTERNACIONAIS

Fernanda Saforcada – Universidade de Buenos Aires - Argentina

Gabriela Vilariño – Universidade de Lujan - Argentina

Jorge Alarcón Leiva – Universidade de Talca - Chile

Rosa Serradas Duarte - Universidade Lusófona de Lisboa - Portugal

Aos meus filhos, Gabriela e Gabriel, pela paciência e compreensão nas minhas ausências, principalmente nos momentos de incerteza, angústia e conflitos — muito comuns para quem tenta trilhar novos caminhos. Sem eles, nenhuma conquista valeria a pena.

Aos meus pais, Rafael (in memoriam) e Marina, que dignamente me apresentaram a importância da família e o caminho da honestidade e persistência.

AGRADECIMENTOS

A Deus, por ter enxugado cada lágrima derramada.

Ao longo deste trabalho, percebi que não seria possível caminhar sozinha. Nesta trajetória, encontrei pessoas maravilhosas, com quem compartilhei alguns momentos de experiências e troca de conhecimento, uns mais próximos, outros mais distantes, mas todos tiveram seu grau de importância, a começar pelos meus colegas do mestrado: Alessandra Sagica, Joel Fonseca, Mateus Ferreira e Cássio Vale; perdoem-me os demais.

À minha orientadora, Prof.ª Dr.ª Rosana Maria Gemaque Rolim, agradeço de coração pela bondade, delicadeza, dicas de leitura, empréstimo de livros, sugestões, revisões de texto, fundamentais para a elaboração deste trabalho, e pelas contribuições. Muito obrigada!

À banca de qualificação da dissertação que deu origem a esta publicação, pelas valiosas contribuições a esta pesquisa. Meu respeito e admiração à Prof.ª Dr.ª Dalva Valente Guimarães Gutierres e ao ilustre Prof. Dr. Raimundo Luiz Silva Araújo.

Aos integrantes do Grupo de Gestão e Financiamento da Educação (Gefin), pela acolhida e amizade fraterna. Colegas que sempre estão dispostos a contribuir e apreender. Não mencionarei nomes, pois, certamente, esquecerei de alguém e todas/todos, sem exceção, tiveram sua importância.

Aos professores do Programa de Pós-Graduação em Educação, pelos fundamentais ensinamentos, sem os quais não teria condições de realizar este estudo. Tenho profundo respeito e admiração por todos os meus professores. Devo agradecer, especialmente, às minhas professoras da disciplina de Políticas Públicas, Prof.ª Dr.ª Vera Jacob, Prof.ª Dr.ª Fabíola Kato, assim como da disciplina de Pesquisa em Educação, Prof.ª Dr.ª Lucia Isabel, Prof.ª Dr.ª Dalva Valente e Prof.ª Dr.ª Terezinha Monteiro, de quem tive a honra de aprender na graduação e, agora, na pós-graduação. Muito obrigada pelos ensinamentos e sugestões.

Aos professores, professoras e demais servidores públicos das escolas Nossa Senhora Auxiliadora e Prof. Temístocles de Araújo. Agradeço profundamente a todos/todas, em especial aos gestores Ariete Leitão e Jeedir Gomes, por terem colaborado no momento da solicitação da licença de aprimoramento.

Às professoras Lilia do Amaral, Socorro Freitas, Fátima Torres, Luciana Sayuri, Rita de Cássia e Kally Nance e ao professor Haroldo Freitas, pelo apoio incondicional. Lembrem-se de que todos são muito queridos.

Aos servidores públicos da Secretaria do Programa de Pós-Graduação em Educação, pela gentileza e presteza no atendimento às demandas.

À Semed Ananindeua/PA, na pessoa da professora Marluce Gatinho, pelo fornecimento de dados, sem a qual não teria tempo hábil para obter. Muito obrigada!

Por fim, quero externar minha gratidão e apreço aos meus irmãos, camaradas de lutas e sonhos do Sintepp-Subsede Ananindeua, e manifestar a minha imensa satisfação em tê-los sempre ao meu lado, nos momentos alegres e tristes. A troca de experiências foi de suma importância para a compreensão da minha visão de mundo e sociedade. Jair Pena, (amigo) que sempre se mostrou disposto a fornecer documentos e informações para a construção deste livro; Alberto Andrade, meu referencial de luta e resistência; Andrea Salustiano, palavras certas nas horas de tensão e conflito interior; Eliziário Nogueira, meu mano; Edson Miranda, amigo; Ruy Guilherme, pelas palavras de encorajamento; Maria Luciete, muito obrigada pelas tardes procurando informações nos arquivos da secretaria da subsede para me fornecer; Regininha, amiga; Claudia, querida Cal; Francisco Jr. e Leonardo Reis, pessoas muito especiais. Muito obrigada, camaradas!

Há homens que lutam um dia, e são bons; há homens que lutam por um ano, e são melhores; há homens que lutam por vários anos, e são muito bons; há outros que lutam durante toda a vida, esses são imprescindíveis.

(Bertold Brecht)

PREFÁCIO

O ponto propulsor da construção deste trabalho é a imersão da autora no próprio objeto de pesquisa: a experiência pessoal como docente que a instigou discutir sobre a busca e o alcance da valorização dos profissionais da Rede Municipal de Ensino de Ananindeua-Pará. Essa inquietação se apresentou desde seu ingresso como professora pedagógica das séries iniciais do ensino fundamental da referida rede de ensino, no ano 2006 — período em que um dos itens da valorização docente, a remuneração, não contemplava as necessidades materiais de trabalhadores docentes do município e, por isso, não favorecia a fixação deles no quadro permanente da educação municipal.

Importante destacar que, ao nos referirmos à valorização, a remuneração deve ser encarada como um dos itens da tríade basilar apresentada por Masson (2016, p. 157):

> [...] valorização de professores envolve três dimensões fundamentais: condições de trabalho, remuneração e carreira e formação inicial e continuada, mas que a remuneração é fator decisivo para a permanência no magistério, uma vez que a garantia da existência humana depende, em primeira instância, do acesso aos bens necessários à satisfação das necessidades históricas, o que depende essencialmente do recebimento de um salário compatível.

Diante dessa compreensão, há de se destacar a importância da implementação de políticas públicas que estabeleçam instrumentos, como os planos de carreira e remuneração, para implementação de mecanismos legais que garantam a valorização docente e dos demais trabalhadores e trabalhadoras da educação. Nessa linha, tornam-se necessárias: a compreensão do papel do Estado — lugar central do exercício de poder — na definição das políticas públicas; a compreensão de que trabalhadores da educação não são isentos de disputar o poder visando à conquista de melhorias quanto à sua própria valorização.

As inquietações conduziram a inserção da autora na organização sindical em defesa da categoria de trabalhadores da educação no município: o Sintepp Ananindeua. Seu ingresso na coordenação sindical a aproximou de estudos e ações em busca da valorização de servidores, atraindo sua atenção ao tema, cujo trabalho, aqui consolidado, apresenta o resultado de suas investigações do processo de implementação do Plano de Cargos, Carreira e Remuneração (PCCR) dos Profissionais do Magistério Público Municipal de Ananindeua, inscrito na Lei de n.º 2.355/2009.

Pautada em categorias do materialismo histórico-dialético, suas análises dão conta da trajetória do planejamento e execução do referido plano em um recorte histórico entre os anos 2009 (ano de implantação) e 2016. O estudo tomou como base documentos normativos; fatos, como as movimentações da categoria por meio de sua representação classista, as repercussões dessas movimentações, além da disputa de narrativas sobre a constituição do plano; e estudos concretos que balizaram a conquista desse instrumento de valorização da carreira docente em Ananindeua.

Em suma, a investigação aponta os percalços na conquista e construção do Plano de Cargos, Carreira e Remuneração (PCCR) dos Profissionais do Magistério Público Municipal de Ananindeua, o qual, apesar de se apresentar como um marco na luta por valorização atende parcialmente às necessidades dos servidores do grupo de magistério municipal. O estudo alerta, portanto, para que novos caminhos em busca de valorização devam ser percorridos.

A leitura desta obra, mais que propiciar o conhecimento de um processo histórico de busca por valorização, revela-se uma experiência de imersão nos fatos narrados e de seus desdobramentos. Os achados investigativos que aqui se registram são fruto da indagação de uma pesquisadora nativa das margens do Rio Amazonas, forjada na escola pública, que mantém viva e atuante a sua identidade de trabalhadora em defesa da educação e que nos leva a entender a necessária manutenção da organização e da resistência da categoria de trabalhadores e trabalhadoras da educação para a conquista, preservação e ampliação de direitos.

Andréa S. Salustiano

Pedagoga. Professora da Rede Municipal de Ananindeua. Especialista em Educação da Seduc/Pará. Coordenadora Geral do Sindicato de Trabalhadoras e Trabalhadores da Educação Pública do Pará, Subsede Ananindeua.

Referência

MASSON, G. A valorização dos professores e a educação básica nos estados. **Revista Retratos da Escola**, Brasília, v. 10, n. 18, p. 157-174, jan./jun. 2016. Disponível em: https://doi.org/10.22420/rde.v10i18.656. Acesso em: 11 fev. 2023.

LISTA DE SIGLAS

BM	Banco Mundial
CAE	Conselho da Alimentação Escolar
CF	Constituição Federal
CME	Conselho Municipal de Educação
CNE	Conselho Nacional de Educação
CNTE	Confederação Nacional dos Trabalhadores em Educação Pública
Conae	Conferência Nacional de Educação
CUT	Central Única dos Trabalhadores
Enem	Exame Nacional do Ensino Médio
Fapespa	Fundação Amazônia de Amparo a Estudos e Pesquisas do Pará
FHC	Fernando Henrique Cardoso
FME	Fórum Municipal de Educação
FNEP	Fundo Nacional do Ensino Primário
Fundeb	Fundo de Manutenção e Desenvolvimento da Educação Básica e de Valorização dos Profissionais da Educação
Fundef	Fundo de Manutenção e Desenvolvimento do Ensino Fundamental e de Valorização do Magistério
Gefin	Grupo de Estudos em Gestão e Financiamento da Educação
GNS	Gratificação de Nível Superior
GT	Grupos de Trabalhos
IBGE	Instituto Brasileiro de Geografia e Estatística
ICMS	Imposto sobre a Circulação de Mercadorias e Serviços
IDHM	Índice de Desenvolvimento Humano Municipal
IPMA	Instituto de Previdência Municipal de Ananindeua
LDB	Lei de Diretrizes e Bases

LDBEN	Lei de Diretrizes e Bases da Educação Nacional
LRF	Lei de Responsabilidade Fiscal
MARE	Ministério da Administração e Reforma do Estado
MDE	Manutenção e Desenvolvimento do Ensino
MPC	Modo de Produção Capitalista
MST	Movimento Sem Terra
ONU	Organização das Nações Unidas
PCCR	Plano de Cargos, Carreira e Remuneração
PCS	Plano de Cargos e Salários
PIB	Produto Interno Bruto
PNE	Plano Nacional de Educação
PNUD	Programa das Nações Unidas para o Desenvolvimento
PSPN	Piso Salarial Profissional Nacional
PPGED	Programa de Pós-Graduação em Educação
Pronasci	Programa Nacional de Segurança Pública com Cidadania
RMB	Região Metropolitana de Belém
Semed	Secretaria Municipal de Educação
Sintepp	Sindicato dos Trabalhadores em Educação Pública do Estado do Pará
UFPA	Universidade Federal do Pará

SUMÁRIO

INTRODUÇÃO 17

CAPÍTULO I
CARREIRA E REMUNERAÇÃO DO MAGISTÉRIO DA EDUCAÇÃO BÁSICA NO BRASIL PÓS-1990 35

1.1 Políticas públicas educacionais pós-reforma do Estado brasileiro 35

1.2 Política de financiamento para a educação básica e a valorização do magistério 50

1.3 Carreira e remuneração dos profissionais do magistério da educação básica pós-1990 59

CAPÍTULO II
EDUCAÇÃO E ORGANIZAÇÃO DA CARREIRA E REMUNERAÇÃO DO MAGISTÉRIO PÚBLICO NA REDE MUNICIPAL DE ANANINDEUA/PA NO PERÍODO DE 2009-2016 69

2.1 Caracterização do município de Ananindeua: aspectos históricos, geográficos, culturais, sociais e econômicos 69

2.2 Política educacional do município de Ananindeua/PA 77

    2.2.1 Atendimento de matrículas na educação básica no município de Ananindeua/PA 81

    2.2.2 Receita do município de Ananindeua para a educação pública 91

2.3 Histórico de luta pela organização da carreira e remuneração dos servidores da educação pública do município de Ananindeua/PA (1986-2009)................ 93

2.4 Plano de cargos, carreira e remuneração dos servidores da educação pública do município de Ananindeua/PA, Lei n.º 2.355/2009..................... 97

    2.4.1 Ações, tensões e movimentos em torno do PCCR/2009.................... 97

    2.4.2 Princípios que norteiam o PCCR/2009 101

    2.4.3 Estrutura dos cargos e movimentação na carreira dos professores da rede municipal de ensino 103

    2.4.4 Ingresso e estágio probatório.. 106

    2.4.5 Jornada de trabalho 107

2.5 Estrutura e movimentação da carreira dos servidores do magistério público do município de Ananindeua/PA nas Leis n.º 2.176/2005 e nº 2.355/2009 108

    2.5.1 Caracterização da carreira do magistério no PCCR de 2005 e 2009........ 108

2.6 Composição da remuneração dos profissionais do magistério público do município de Ananindeua/PA... 114

CAPÍTULO III
ALTERAÇÕES DA LEI Nº 2.355/2009 NA CARREIRA E NA REMUNERAÇÃO DOS PROFISSIONAIS DO MAGISTÉRIO EM ANANINDEUA, PARÁ: AVANÇOS E RETROCESSOS.................117

3.1 Alterações na configuração da carreira e remuneração do magistério em Ananindeua/PA 121

3.1.1 1º ato de implementação do PCCR, ocorre o primeiro enquadramento na referência 01 e nível I da Lei n.º 2.355/2009 – ano 2009....................121

3.1.2 2º ato de implementação do PCCR alterou o parágrafo 1º do art. 21 e ampliou a jornada em até 40h semanais – ano 2011..........................131

3.1.3 3º ato de implementação do PCCR fixa os critérios para a obtenção da mudança na promoção horizontal – ano 2012...................134

3.1.4 4º ato de implementação do PCCR: instituição da comissão para realizar o enquadramento na promoção horizontal – ano 2013 136

3.1.5 5º ato de implementação do PCCR altera os dispositivos do art. 150 da Lei nº 2177, de 7 de dezembro de 2005 sobre o quinquênio – ano 2014......140

3.1.6 6º ato de implementação do PCCR concede 50% de gratificação para os professores em atividade na educação especial – ano 2014 142

3.1.7 7º ato de implementação do PCCR concede bolsa de aprimoramento aos servidores inscritos em programa de aperfeiçoamento do magistério – ano 2016... 144

3.2 Efeitos das alterações na carreira e remuneração do magistério em Ananindeua/PA 147

CONSIDERAÇÕES FINAIS......................................157

REFERÊNCIAS...163

INTRODUÇÃO

E lembrai-vos, camaradas, jamais deixai fraquejar vossa decisão. Nenhum argumento poderá deter-vos. Fechai os ouvidos quando vos disserem que o Homem e os animais têm interesses comuns, que a prosperidade de um é a prosperidade dos outros. É tudo mentira. O Homem não busca interesses que não os dele próprio. Que haja entre nós, animais, uma perfeita unidade, uma perfeita camaradagem na luta. Todos os homens são inimigos, todos os animais são camaradas (ORWELL, 1945, p. 11).

Este livro trata do processo de implementação do Plano de Cargos, Carreira e Remuneração (PCCR) — Lei n.º 2355, de 16 de janeiro de 2009 — dos profissionais do magistério público do município de Ananindeua, Pará, no que concerne às possíveis alterações entre o que foi aprovado em 2009 e o que vem sendo executado pela administração municipal até o ano 2016.

A escolha da temática se deu a partir do meu envolvimento, como docente, com a causa da valorização dos profissionais do magistério em Ananindeua. Descontente com a política educacional implementada pela administração pública de Ananindeua no que se refere ao tratamento dos profissionais da educação — o que pode ser percebido por meio do atraso no repasse do vale-transporte, atrasos recorrentes no pagamento do funcionalismo, baixos salários e péssimas condições de trabalho —, não vi outro caminho senão o engajamento na defesa dos direitos dos trabalhadores, por meio do ingresso no Sindicato dos Trabalhadores em Educação Pública do Pará (Sintepp), subsede de Ananindeua. Foi nesse contexto que pude vivenciar a importância do PCCR como documento normativo fundamental na definição dos "horizontes" profissionais da categoria.

Nesse envolvimento direto com o Sintepp, passei a participar das agendas de luta, como atos públicos, reuniões de planejamento, cursos de formação sindical, seminários, greves, conferências, congresso regional e congresso estadual. Também estive em discussões sobre carga horária, infraestrutura das escolas municipais e estaduais, concurso público, campanha salarial, controle social por meio dos conselhos, entre outros debates sobre a educação pública. Essas vivências me fizeram sentir medo, sim, mas, sobretudo, pude perceber que atuar no movimento de defesa dos direitos dos trabalhadores e do direito à educação de qualidade requer coragem e ousadia para enfrentar o sistema de gestão pública municipal, em especial o de Ananindeua. Pude constatar da forma mais cruel que as leis por si só não garantem direitos. Entretanto, essa constatação veio a reforçar o entendimento de que a situação só pode ser mudada com unidade e disposição para reivindicar salários e condições dignas de trabalho.

Vale ressaltar a minha participação como membro da coordenação do Sintepp Ananindeua, em 2012, nos seminários para a construção de PCCR dos trabalhadores do magistério dos municípios que compõem a área metropolitana de Belém/PA; debates sobre conjuntura municipal, estadual e nacional; fóruns; grupos de trabalho (GT); reuniões com representantes dos governos municipais e comissões de elaboração e/ou reformulação dos PCCR do magistério. Representei, ainda, por dois biênios (2012/2013 e 2014/2015), o Sintepp no Conselho Municipal de Educação (CME) e, atualmente, sou membro do Fórum Municipal de Educação (FME), representando os trabalhadores da educação pública em Ananindeua/PA. Em 2016, ao ingressar no Mestrado Acadêmico em Educação da Universidade Federal do Pará (UFPA), comecei a participar do Grupo de Estudos em Gestão e Financiamento da Educação (Gefin), coordenado pela professora doutora Rosana Maria Gemaque Rolim. A participação no CME, no FME e no Gefin foi fundamental para a compreensão do meu objeto de pesquisa.

> Além de toda a vivência descrita, que fundamenta a escolha do tema deste trabalho científico, destaco as notícias divulgadas nos meios de comunicação, dando conta da redução do número de universitários formados em cursos de licenciatura e da crescente evasão de professores da educação pública para outras atividades, em razão dos baixos salários e da desvalorização dos profissionais do magistério. Corroborando essa assertiva, Paro (2003, p. 96) afirma que:

Com baixos salários e precárias condições de trabalho, o profissional se sente muito pouco estimulado a atualizar-se e a procurar aperfeiçoar-se em serviço. No caso do professor, acrescente-se a este desestímulo o fato de ter que trabalhar em mais de um emprego para compensar os baixos salários, restando lhe pouco tempo para dedicar-se a uma formação continuada.

A afirmação de Paro expõe uma perversa contradição social brasileira. É notória a necessidade do investimento cada vez maior na educação pública, com a implementação de políticas direcionadas à progressiva universalização do ensino no país. Não há outra forma de fazer a universalização da educação com qualidade sem a devida valorização dos profissionais. Um

Plano de Cargos, Carreira e Remuneração (PCCR) bem elaborado e devidamente implementado propicia aos servidores da educação a tranquilidade necessária para o bom desempenho de suas atividades, garantindo-lhes *"a possibilidade de crescer na carreira, de receber em dia e de ter uma perspectiva melhor de aposentadoria"*, conforme frisou o então mestrando em políticas sociais e consultor da União Nacional dos Dirigentes Municipais de Educação (Undime), Carlos Eduardo Sanches, em palestra no 14º Fórum da UNDIME, realizado de 14 a 17 de maio de 2013[1].

Os desafios para a valorização dos professores e demais profissionais da educação no Brasil ainda são muitos e diversos, embora a legislação vigente e as lutas dos profissionais docentes se esforcem em superá-los. A problemática envolve questões estruturais, como o descompasso entre as responsabilidades na oferta educacional atribuída aos municípios e os recursos disponíveis para essa finalidade; a centralização da política educacional; a falta de compromisso dos gestores municipais; a excessiva influência da política partidária na gestão da educação, entre outras a serem pontuadas.

O município de Ananindeua se insere nesse contexto. Por um lado, em âmbito federal, um quadro legislativo-normativo acerca da valorização do magistério público começa a se consolidar. Por outro, desde 1986, leis municipais vêm sendo instituídas de forma a regulamentar a carreira e a remuneração dos profissionais do magistério. Neste trabalho, apresentam-se informações iniciais sobre a trajetória histórica da legislação, que tem início com a promulgação da Lei Municipal n.º 851/1986, que instituiu o primeiro Estatuto do Magistério Público de Ananindeua. Em seguida, é analisado o processo de implementação do PCCR[2] vigente, Lei n.º 2.335/2009, sobre o qual se detém a análise mais detalhada, por ser objeto desta pesquisa.

As leis e decretos que norteiam a carreira e a remuneração dos profissionais do magistério público do município de Ananindeua aparecem organizadas no Quadro 1.

---

[1] Fórum realizado no município de Mata de São João (BA), segundo reportagem publicada no site www.semanaacaomundial2013.wordpress.com. Acesso em: 12 jul. 2017.

[2] O marco legal referente à criação dos PCCR advém da Constituição Federal de 1988, da Lei n.º 9.394/1996 – Lei de Diretrizes e Bases (LDB); da Emenda Constitucional n.º 14/1996, que instituiu o Fundo de Manutenção e Desenvolvimento do Ensino Fundamental e de Valorização do Magistério (Fundef), mediante a Lei nº 9.464/1996; o Plano Nacional de Educação (PNE 2001/2010); a Emenda Constitucional n.º 53/2006, que instituiu o Fundo de Manutenção e Desenvolvimento da Educação Básica e de Valorização dos Profissionais da Educação (Fundeb), e a Lei n.º 11.494/2008, que o regulamentou; e a Lei n.º 11.738/2008, que regulamentou o Piso Salarial Profissional Nacional (PSPN).

Quadro 1 – Legislações do município de Ananindeua/PA que versam sobre a carreira e remuneração do magistério público no período de 1986 a 2005

Documentos	Descritor
Lei n.º 851/24, de dezembro de 1986	Dispõe sobre o Estatuto do Magistério Público do Município de Ananindeua (revogada em 28.04.2015).
Lei orgânica do município de Ananindeua, n.º 942, 4 de abril 1990	Dispõe sobre a administração pública municipal e outras determinações.
Lei n.º 1.248, de 29 de dezembro de 1995	Dispõe sobre o Plano de Cargos e Salários da Prefeitura Municipal de Ananindeua e dá outras providências.
Lei n.º 2.176, de 7 de dezembro de 2005	Dispõe sobre o novo Plano de Cargos, Carreiras e Remuneração da Prefeitura Municipal de Ananindeua e dá outras providências.
Lei n.º 2.184, de 28 de dezembro de 2005	Altera dispositivos da Lei n.º 2.176, de 7 de dezembro de 2005, que dispõe sobre o Plano de Cargos, Carreira e Remuneração da Prefeitura municipal de Ananindeua e dá outras providências.
Lei n.º 2.177, de 7 de dezembro de 2005	Dispõe sobre o Estatuto dos Servidores Públicos do Município de Ananindeua e dá outras providências.

Fonte: elaborado pela autora (2018)

A criação e a revogação de leis e decretos refletem o cenário representado pela disputa de partidos políticos e seus projetos de governo para educação municipal ao longo das últimas três décadas; a composição das leis e suas mudanças também são frutos dos embates entre trabalhadores e o governo. Deve-se a isso o fato de Ananindeua ser o segundo maior colégio eleitoral do estado do Pará, com 291.273 (duzentos e noventa e um mil e duzentos e setenta e três) eleitores[3], atrás apenas da capital Belém, sendo assim de relevante importância para candidatos que vislumbram carreira política nas esferas estadual e federal, pleiteando vaga na Assembleia Legislativa do Pará, na Câmara Federal ou mesmo no Palácio dos Despachos, sede do governo estadual.

Soma-se à importância política o nada desprezível orçamento municipal, que chega a, aproximadamente, R$ 679.988 (seiscentos e setenta e nove milhões e novecentos e oitenta e oito mil reais)[4]. Esses dois fatores

---

[3] Segundo dados disponíveis em: http://www.tse.jus.br/eleicoes/estatisticas/estatisticas-eleitorais-2016/eleicoes-2016. Acesso em: 4 ago. 2017.

[4] Conforme Lei a nº 2.790, de 20 de junho de 2016, Diretrizes Orçamentárias – LDO/2017, que dispõe sobre as diretrizes orçamentárias para o exercício de 2017 e dá outras providencias.

podem justificar o interesse dos diversos partidos políticos mencionados no Quadro 2. No período da série histórica estudada, observa-se que apenas dois partidos políticos se revezaram na gestão.

Quadro 2 – Prefeitos do município de Ananindeua/PA – 1997 a 2024

Mandato	Prefeito	Partido político
1997-2000	Manoel Carlos Antunes (Pioneiro)	PSDB
2001-2004	Manoel Carlos Antunes (Pioneiro)	PSDB
2005-2008	Helder Zahluth Barbalho	PMDB
2009-2012	Helder Zahluth Barbalho	PMDB
2013-2016	Manoel Carlos Antunes (Pioneiro)	PSDB
2017-2020	Manoel Carlos Antunes (Pioneiro)	PSDB
2021-2024	Daniel Barbosa Santos	MDB

Fonte: elaborado pela autora (2023)

O município, até o fim dessa série histórica, teve doze prefeitos, desde a sua fundação, pelo Decreto-Lei Estadual n.º 4.505, de 30 de dezembro de 1943, promulgado pelo Interventor Federal Magalhães Barata, acontecendo sua instalação em 3 de janeiro de 1944[5].

Cada um desses gestores, pelas exigências da legislação federal sobre a política educacional, teve que buscar formas de adequar a administração municipal para não correr o risco de ter Ananindeua alijado das rubricas de repasses financeiros pelo Poder Executivo Federal. Contudo, o recorte temporal do estudo em questão corresponde ao período de 2009 a 2016, abrangendo as duas gestões então decorridas.

O marco legal sobre a criação e/ou construção dos PCCR está previsto na Constituição Federal (CF) de 1988 e de outras determinações legais, como: a Lei n.º 9.394/1996 – Lei de Diretrizes e Bases (LDB); a Emenda Constitucional n.º 14/1996, que instituiu o Fundo de Manutenção e Desenvolvimento do Ensino Fundamental e de Valorização do Magistério (Fundef), e a Lei n.º 9.464/1996, que o regulamentou; o Plano Nacional de Educação (PNE 2001/2010); a Emenda Constitucional n.º 53/2006, que instituiu o

---

[5] Ananindeua (PA). Prefeitura. 2012. Disponível em: http://www.ananindeua.pa.gov.br. Acesso em: 12 nov. 2016. Enciclopédia dos Municípios Brasileiros. Rio de Janeiro: IBGE, 1957. v. 14.

Fundo de Manutenção e Desenvolvimento da Educação Básica e de Valorização dos Profissionais da Educação (Fundeb), e a Lei n.º 11.494/2008, que o regulamentou; a Lei n.º 11.738/2008, que regulamentou o Piso Salarial Profissional Nacional (PSPN); e outras que tratam do tema, como as Resoluções n.º 3/1997 e 2/2009 do CNE, que fixam diretrizes nacionais para a criação e/ou reformulação de PCCR do Magistério Público. Essas resoluções normatizam o Fundef, o Fundeb e o PSPN, respectivamente.

Com a promulgação da legislação federal sobre política educacional, os prefeitos dos municípios brasileiros foram instigados a rever e a adequar as legislações municipais referentes aos planos e/ou estatutos dos profissionais do magistério público. Em Ananindeua, assim como no estado do Pará, a luta por melhores condições de carreira e renumeração apresenta os primeiros movimentos a partir de 1979, quando os servidores do magistério se mobilizaram para reivindicar que a remuneração dos professores fosse equiparada ao salário-mínimo vigente à época, fato que só se concretizou alguns anos depois, na greve dos servidores do magistério da educação pública de 1983, no governo estadual de Jader Barbalho (PINHEIRO, 2015, p. 201).

É importante observar que a conjuntura política marcada por lutas dos movimentos sociais corroborou para que fosse previsto na Constituição de 1988 a valorização dos profissionais do magistério. Para tanto, o ensino deve ser ministrado tendo como um de seus princípios basilares a valorização, conforme previsto no art. 206, inciso V, da CF: "[...] Valorização dos profissionais do ensino, garantindo na forma da lei, plano de carreira para o magistério público, com piso salarial profissional e ingresso exclusivamente por concurso público de provas e títulos" (BRASIL, 1988, s/p).

Desse modo, o primeiro documento legal que instituiu o cargo e a remuneração dos profissionais do magistério no município de Ananindeua foi o Estatuto do Magistério Público – Lei n.º 851, de 24 de dezembro de 1986[6], aprovado na gestão do prefeito Paulo Afonso de Oliveira Falcão, e passou a vigorar a partir de 1º de janeiro de 1987, no último ano do segundo mandato de seu governo. Após esse Estatuto, outras leis foram promulgadas e decretos foram publicados de acordo com as exigências legais e as conveniências financeiras e políticas dos gestores municipais, até chegarmos ao PCCR vigente.

Este livro tem como principal questão: **houve alterações legais após a implementação do PCCR – Lei nº 2.355/2009 – dos servidores do magistério público do município de Ananindeua/PA, no que**

---

[6] O Estatuto do Magistério do município de Ananindeua/PA foi instituído antes da promulgação da CF de 1988.

concerne à carreira e à remuneração, no período de 2009 a 2016? À luz dessa problemática central, o livro responderá a outras questões secundárias, mas não menos importantes, tais como: como se deu o processo de implementação do PCCR dos servidores do magistério público do município de Ananindeua – Lei n.º 2.355/2009? Houve alterações do PCCR no processo de implementação no que concerne à movimentação na carreira e na composição da remuneração? Em que medida o PCCR aprovado em 2009 alterou o funcionamento da carreira e remuneração do magistério de Ananindeua? Quais os efeitos das possíveis alterações para a carreira e a remuneração dos servidores do magistério?

Como objetivo geral, a pesquisa buscou analisar o processo de implementação do PCCR dos servidores do magistério público do município de Ananindeua/PA – Lei n.º 2.355/2009, no período de 2009 a 2016, visando avaliar possíveis efeitos para a carreira e a remuneração. Como objetivos específicos: 1. Analisar as ações desenvolvidas para a implementação do PCCR no período em análise; 2. Identificar em que medida o PCCR aprovado em 2009 alterou o funcionamento da carreira e remuneração do magistério de Ananindeua; e 3. Avaliar os efeitos das possíveis alterações na configuração da carreira do magistério.

A concepção de Estado capitalista adotada nesta pesquisa tem base em Poulantzas (2000), autor que trabalha o Estado como sendo o lugar central do exercício do poder, o dispositivo (o conjunto dos aparelhos) que concentra, materializa e propaga o poder para representar e organizar, em longo prazo, os interesses políticos da burguesia. Antes de avançarmos nesse conceito, é necessário compreendermos o que parece ser o elemento central e o mais problemático dessa definição: o "poder".

Para tanto, é necessário compreendermos o conceito de poder que Poulantzas (2000, p. 149) apresenta:

> Por poder se deve entender a capacidade, aplicada às classes sociais, de uma, ou de determinadas classes sociais em conquistar [e defender] seus interesses específicos. O poder referido às classes sociais é um conceito que designa o campo de sua luta, o das relações de forças e das relações de uma classe com outra. [...] A capacidade de uma classe em realizar seus interesses está em oposição à capacidade (e interesses) de outras classes: o campo do poder é, portanto estritamente relacional [...] O poder de uma classe significa de início seu lugar objetivo nas relações econômicas, políticas e ideológicas, lugar que recobre as práticas das classes em lutas, ou seja, as

relações desiguais de dominação/subordinação das classes estabelecidas na divisão social do trabalho, e que consiste em relações de poder.

Esse conceito firma o poder às relações conflituosas entre as classes, ou seja, à luta de classes que emerge em decorrência da divisão do trabalho que causou a separação do trabalhador direto de seus meios de trabalho e posse. Os trabalhadores da educação não estão isentos dessa disputa de poder, na contenda em prol de conquistas por melhores condições de trabalho e remuneração condigna.

Diante disso, em uma sociedade capitalista, o Estado como instituição social reflete os interesses da classe dominante, assim como a própria luta de classes, as quais, para Marx (1997), estão sempre em oposição. Essas classes são definidas em função da propriedade dos meios de produção (burguesia), enquanto a classe dominada (assalariados) tem apenas a força de trabalho para produzir.

Para dada formação social, em que o modo de produção capitalista é dominante, outros grupos sociais convivem, a exemplo de camponeses, artesãos e pequenos comerciantes. Desse modo, Poulantzas (2000, p. 172) defende que "as funções do Estado se incorporam na materialidade institucional de seus aparelhos: a especificidade das funções implica a especialização dos aparelhos que as desempenham e dá lugar a formas particulares de divisão social do trabalho no próprio seio do Estado".

Dentro dessa lógica de Estado, há que se reconhecer a educação como um dos instrumentos de desenvolvimento de qualquer sociedade, devendo ser implementada como política de forma articulada entre níveis, etapas e modalidades, em sintonia com os marcos legais e ordenamentos jurídicos. Esses são funcionais a dado formato de produzir mediado pelo exercício de força das classes sociais que podem arrancar conquistas de ampliação dos seus direitos, como foi o caso do direito à educação, que expressa a efetivação do direito social, de cidadania e de liberdade pessoal com qualidade para todos.

Tal perspectiva implica, ainda, a garantia de interfaces das políticas educacionais com outras políticas sociais – saúde, infraestrutura e saneamento. Portanto, há de se considerar historicamente o contexto social, político, econômico e geográfico em que se inscreve. Do período colonial até hoje, a história da educação brasileira tem sido marcada pelo descaso, tanto na sua oferta quanto nos mecanismos de financiamento por parte do Estado.

Ao discutir essa questão, tem que se levar em conta o grau de desenvolvimento socioeconômico do país, ou seja, a sua riqueza; o produto interno bruto (PIB); a distribuição de renda, que incide na formação dos extratos sociais; a composição e a incidência dos impostos sobre a população; o acesso da sociedade aos bens públicos e privados; os índices de alfabetização e de bem-estar social, entre outros. No caso do Brasil, e da maioria dos países predominantemente pobres ou emergentes, quando se compara o grau de comprometimento de investimentos, deve-se sempre levar em consideração esses índices de desenvolvimento.

A perspectiva teórico-metodológica utilizada no estudo visa como primeiro passo um levantamento bibliográfico do assunto, que, segundo Martins (2010), aborda determinado tema com base em referências teóricas publicadas em livros, revistas, periódicos, entre outras obras literárias. Em razão de a explanação do tema requerer fundamentação teórica, torna-se imprescindível realizar também uma significativa revisão bibliográfica no acervo atinente à temática.

No que tange à metodologia, Masson (2007, p. 105) esclarece que, quando se opta por uma concepção metodológica, não se pode desconsiderar os postulados teóricos que lhes dão sustentação, pois nenhum princípio metodológico está "auto-sustentado de abstrações desencarnadas". Logo, considera-se que a concepção metodológica permitirá enxergar melhor as contradições de uma sociedade capitalista. Conforme Masson (2007, p. 107):

> O capital é contradição em movimento, não é possível compreender a sociedade na forma do capital sem um método que possibilite captar tal contradição, já que a realidade não se dá a conhecer de uma vez por todas, ou seja, está além da sua forma aparente.

A sociedade envolve um conjunto de elementos de natureza social, histórica, política e econômica caracterizados por uma contradição que os envolve e que pode ser identificada mediante rigorosa análise da totalidade de sua constituição social. Desse modo, faz-se necessário utilizar um método de pesquisa capaz de analisar as relações de contradição estabelecidas no meio social; e por considerar que o objeto ora pesquisado perpassa pela dinamicidade do processo que reflete na contradição entre aquilo que é aprovado e implementado.

As análises se concentraram no PCCR da rede municipal de ensino de Ananindeua, por ser alvo de questionamentos e tensionamentos por parte dos servidores do magistério público. Além disso, foram consultadas fontes documentais, tais como: leis, decretos, portarias, atas das audiências na Câmara Municipal de Ananindeua para aprovação do PCCR, arquivos do Sintepp-Subsede Ananindeua, jornais de grande circulação[7], dados da Secretaria Municipal de Educação (Semed), entre outras.

Acredita-se na importância de considerar fotografias e imagens para o desenvolvimento desta publicação, sobre o movimento de professores. A análise das fotografias/imagens servirá como uma testemunha visual de determinado momento da história, por revelar aspectos da sociedade pela lente da máquina do fotógrafo[8].

Escolheu-se o município de Ananindeua pela facilidade de acesso às informações e pela pesquisadora pertencer à rede de ensino público e estar envolvida na causa pelos direitos dos trabalhadores, e, ainda, ao fato de o PCCR dos professores nesse município ser alvo de questionamentos pela própria categoria, como pode ser observado no Quadro 5.

Desse modo, a dinâmica temporal de uma legislação como o PCCR dos Servidores do Magistério Público do município de Ananindeua-Pará, da sua aprovação à implementação, perpassa por disputas entre o Estado e os movimentos sociais. Fatos esses que não estão isolados das questões nacionais e até mesmo internacionais. O processo que ocorre é dinâmico e contraditório. Diante disso, a metodologia a ser utilizada nesta análise exige esforço dialético de reflexão. Segundo Ianni (2011, p. 398),

> É como se a realidade fosse se tornando cada vez mais rica, mais complexa, mais viva. Retém muito daquilo que está no começo e vai recriando num percurso. Isto é, um trabalho de reflexão complexo, que implica em desvendar do real que no caso é o modo capitalista de produção, dimensões, significados, tendências, que definitivamente não são dadas no nível dos acontecimentos vistos como fatos empíricos.

A realidade que nos rodeia é dinâmica, mutável, e em constantes transformações. Dessa forma, o PCCR dos servidores públicos do magistério em Ananindeua será analisado tendo em vista as relações que se estabelecem no contexto político, social, econômico e cultural.

---

[7] Robert Darnton (tradução de Denise Bottman), ao sustentar a importância do uso de jornais como fonte, afirma que: [...] aprendi que a notícia não é o que aconteceu no passado imediato, e sim o relato de alguém sobre o que aconteceu [...]. Minha experiência pessoal com as notícias me levou para o pântano movediço da narratologia. Com o auxílio de teóricos da literatura, comecei a ver relatos por toda parte, desde o Credo de Nicéia aos sinais dos guardas de trânsito. Mas tentem se comportar como se todo comportamento fosse um texto, e todos os textos pudessem ser desconstruídos: logo vocês se verão presos num labirinto de espelhos, perdidos num reino semiótico encantado, tomados por tremedeiras epistemológicas (DARNTON, 1990, p. 10).

[8] Sobre o uso da fotografia e da imagem como documento e metodologia, ver Kossoy (2014).

O percurso da investigação, quanto mais se desvela e se aproxima do real, ou seja, do cotidiano, mais complexo e mais rico se torna. A crítica sobre as relações de poder, os conflitos, as disputas que se desencadeiam num objeto como esse não estão em uma dimensão empírica. Somente uma pauta de intensa reflexão pode dar conta dos encaminhamentos necessários.

Elencam-se para essa análise situações que se julga importantes para elucidar o processo de implementação do PCCR, nos itens Carreira e Remuneração presentes no plano. No processo de criação e implementação do plano, tem-se uma relação de conflito entre os trabalhadores — nesse caso, os servidores da educação — e o empregador — a Prefeitura de Ananindeua. O conflito se dá por ser o objeto-alvo de interesses antagônicos, em que o interesse do Estado se confronta com o da classe trabalhadora. Uma relação de conflito sem fim, conforme Ianni (2011, p. 413):

> [...] as relações capitalistas de produção implicam numa reiteração de uma estrutura fundamental, que é a do vendedor da força de trabalho de um lado, e a do comprador de força de trabalho, de outro, o proprietário da força de trabalho de um lado, e o proprietário dos meios de produção de outro, então esta peleja não tem fim.

A análise do processo de implementação do objeto no que se refere aos itens Carreira e Remuneração terá que considerar a conjuntura sócio--político-econômica que se deu no percurso de sua implementação. Esse cenário de conflitos pautará e elucidará o processo de implementação do PCCR como uma política pública do município de Ananindeua. Lynn (1980) e Peters (1986) associam as políticas públicas a um conjunto de ações do governo em que os efeitos influenciam a vida dos cidadãos. Para Souza (2006), as políticas públicas são a tradução dos propósitos e das plataformas eleitorais em ações da gestão de um governo.

Desse modo, sendo o PCCR uma política pública, segue-se aqui conforme orientação proposta por Arretche (2007, p. 30-31), que afirma a necessidade de examinar "os traços constitutivos da política pública, de forma a aprendê-la em um todo coerente e compreensível, perscrutando a relação entre os objetivos propostos pela mesma e seus resultados efetivos".

A abordagem se valeu de levantamento bibliográfico e pesquisa documental. No entanto, faz-se necessário discorrer sobre as principais fontes e documentos que serão analisados e avaliados.

Como abordagem metodológica, será utilizada a quali-quantitativa, por fornecer orientações que mais se aproximam da perspectiva que desejamos, isto é, analisar o processo de implementação do PCCR/2009 dos servidores públicos do magistério considerando os itens Carreira e Remuneração previstos na lei. Segundo May (2004), essa abordagem procura superar a polarização imposta pela ideologia positivista, a qual conduziu o campo científico a uma visão reducionista. Portanto, demonstra-se mais abrangente por envolver dados qualitativos, a exemplo das ideias, convicções e sentimentos, e quantitativos, como o número de respostas a determinado questionamento.

Ao longo do estudo será considerada a utilização de dados de caráter quantitativos, como: a condição econômica do município de Ananindeua, os percentuais de matrícula escolar, o índice demográfico da população de Ananindeua e os valores econômicos referentes à remuneração de servidores municipais. Além disso, buscar-se-á analisar dados de caráter qualitativo, como informações extraídas de fontes bibliográficas e documentais do referido lócus de pesquisa.

A utilização da abordagem qualitativa, especialmente no âmbito das políticas educacionais, é essencial, uma vez que permite maior flexibilidade ao pesquisador, principalmente na escolha de procedimentos metodológicos, entre entrevistas, grupos focais, observação, história de vida etc. Vale ressaltar que tal escolha não desconsidera a perspectiva quantitativa, visto que os dados estatísticos complementam os dados qualitativos (MARTINS, 2011).

Outra afirmação importante que corrobora a utilização da perspectiva quanti-qualitativa é encontrada em May (2004, p. 146). Conforme o autor:

> Ao avaliar estes diferentes métodos, deveríamos prestar atenção [...] não tanto aos métodos relativos a uma divisão quantitativa-qualitativa da pesquisa social – como se uma dessas produzisse uma verdade melhor do que a outra -, mas aos seus pontos fortes e fragilidades na produção do conhecimento social. Para tanto é necessário um entendimento dos seus objetivos da prática.

Para o autor, a avaliação das opções metodológicas pelo pesquisador social deveria voltar-se sobre as potencialidades e as fragilidades do método na construção do conhecimento, e não em questões relacionadas à validação de uma verdade científica pela perspectiva qualitativa ou quantitativa. No paradigma quantitativo e qualitativo não deve disputar a hegemonia de um sobre outro, pois ambos são necessários no processo de

PCCR DO MAGISTÉRIO DE ANANINDEUA: IMPLEMENTAÇÃO, LUTAS E CONQUISTAS

produção do conhecimento. Desse modo, faz-se necessário atentar para a compreensão dos objetivos da pesquisa no âmbito da própria prática da investigação científica.

Para contribuir nas reflexões sobre o processo de implementação do PCCR/2009 do município de Ananindeua, tanto na perspectiva qualitativa quanto na perspectiva quantitativa, buscou-se analisar documentos legais referentes aos itens de carreira e remuneração dos servidores do magistério público, como: o próprio PCCR, as resoluções, os decretos, a ata de aprovação do PCCR emitida pela Câmara Municipal, os contracheques, as tabelas de vencimento, os boletins informativos do Sintepp-Subsede Ananindeua, e os jornais locais impressos.

O presente estudo foi realizado com o levantamento bibliográfico e documental, que envolveu textos utilizados ao longo da disciplina de Políticas Públicas e Financiamento da Educação no curso de Mestrado em Educação pelo Programa de Pós-Graduação em Educação da Universidade Federal do Pará (PPGED/UFPA). Foram também consultados os bancos de dados do Scientific Electronic Library Online (SciELO), do Instituto Nacional de Estudos e Pesquisas Educacionais Anísio Teixeira (Inep), do PPGED-UFPA, da Associação Nacional de Pesquisadores em Financiamento da Educação (Fineduca), da Associação Nacional de Pós-Graduação e Pesquisa em Educação (Anped), do Instituto Brasileiro de Geografia e Estatística (IBGE) e da Coordenação de Aperfeiçoamento de Pessoal de Nível Superior (Capes).

Recorremos, também, à base de dados do Sistema de Informações sobre Orçamentos Públicos em Educação (Siope). Além disso, utilizamos o Índice de Cálculos DRCALC[9] para calcular o deflator do Índice Nacional de Preços ao Consumidor (INPC) do IBGE, que é o responsável por medir a inflação no Brasil desde 1999.

Cabe destacar que também foram consultados documentos legais junto à Prefeitura de Ananindeua, à Secretaria Municipal de Educação (Semed), à Secretaria da Câmara Municipal de Ananindeua e às mídias impressas fornecidas pelo Sintepp-Subsede Ananindeua, no período de outubro de 2007 a dezembro de 2017. O referido período corresponde à campanha salarial dos servidores públicos do magistério do município de Ananindeua.

Ao longo da pesquisa, encontrou-se dificuldade junto à Secretaria da Câmara Municipal quanto ao fornecimento de documentos legais, como: cópia do projeto de Lei n.º 62, de 17 de dezembro de 2008 e dos

---

[9] Disponível em: www.drcalc.net. Acesso em: 15 jun. 2017.

pareceres referentes à tramitação junto às Comissões de Constituição e Justiça; Finanças e Orçamento da Câmara; Redação Final; e cópia da ata da sessão ordinária realizada na Câmara Municipal, de 23 de dezembro de 2008, que aprovou o projeto de Lei do PCCR/2009. Além desses documentos, foram fornecidos dois pareceres referentes às alterações na Lei n.º 2.176, de 7 dezembro de 2005, do PCCR dos servidores públicos de Ananindeua, sendo um parecer da Comissão de Administração Pública, Econômica, Urbana, Metropolitana/Turismo, e outro da Comissão de Redação Final.

Esses documentos demoraram mais de três meses para serem liberados pela presidente da Câmara Municipal, que alegou que a liberação dependia da reunião com a mesa diretora, carecendo de autorização de ao menos dois membros da mesa para a emissão dos referidos documentos.

Foi empregado o estudo de caso como método de investigação. O estudo de caso é utilizado, com frequência, nas pesquisas realizadas no campo social, em razão de esse método buscar explicar tanto o "como" quanto o "porquê" de determinado fenômeno social incidir numa realidade específica ou em algum contexto de vida real. Vale ressaltar que o estudo de caso procura dar ao pesquisador maior autonomia na realização de observações, análises e descrições de uma realidade concreta. O referido método tem uma importância central não somente no campo da pesquisa social, mas também na orientação de estratégias para intervenção sobre a realidade em que o pesquisador está inserido (GIL, 2008).

Ao longo desta investigação, o estudo de caso buscou auxiliar na pesquisa que envolve o processo de implementação do PCCR/2009 dos servidores do magistério público da educação básica do município de Ananindeua, bem como explicar as possíveis razões e circunstâncias que estão ou não relacionadas a possíveis alterações encontradas no campo do fenômeno social investigado neste estudo.

A escolha do município de Ananindeua como lócus de investigação se deve a duas razões especificas: primeira, ao local no qual atuo como servidora do magistério público da educação básica, o que me possibilita uma condição mais favorável de acesso aos dados da pesquisa, bem como a vivência na carreira de professora da rede; segunda, ao meu envolvimento junto à causa dos trabalhadores de Ananindeua, especialmente trabalhadores da educação, mediante minha atuação no Sintepp-Subsede Ananindeua, atualmente como coordenadora do sindicato.

Foi realizada consulta em fontes documentais, leis, decretos, portarias, atas das audiências na Câmara Municipal de Ananindeua para aprovação do PCCR, informativos e arquivos do Sintepp-Subsede Ananindeua, dados da Semed, jornais da grande imprensa.

Quadro 3 – Principais documentos utilizados na análise deste estudo

Documentos	Descritor
Lei n.º 2.177, de 7 de dezembro de 2005	Dispõe sobre o Estatuto dos Servidores Públicos do Município de Ananindeua e dá outras providências.
Pareceres das comissões de: Constituição e Justiça, Comissão de Finanças e Orçamentos e Comissão de Redação Final	Versam sobre o projeto de Lei n.º 62, de 17 de dezembro de 2008, que dispõe sobre o Plano de Cargos, Carreiras e Remunerações dos Servidores do Magistério Público Municipal de Ananindeua e dá outras providências.
Ata de aprovação do projeto de Lei n.º 62/2008	Dispõe sobre o Plano de Cargos, Carreiras e Remunerações dos Servidores do Magistério Público Municipal de Ananindeua e dá outras providências.
Lei n.º 2.355, de 16 de janeiro de 2009	Dispõe sobre o Plano de Cargos, Carreiras e Remunerações dos Servidores do Magistério Público Municipal de Ananindeua e dá outras providências.
Lei Complementar n.º 2.471, de 5 de janeiro de 2011	Altera o § 1º do Art. 21 da Lei Complementar n.º 2.355, de 16 de janeiro de 2009, e dá outras providências.
Lei Complementar n.º 2.473, de 5 de janeiro de 2011	Altera o art. 150 da Lei n.º 2.177, de 7 de dezembro de 2005, que dispõe sobre a concessão de Licença-Prêmio, e dá outras providências.
Lei Complementar n.º 2.478, de 5 de janeiro de 2011	Dispõe sobre o pagamento de gratificação aos servidores lotados em escola municipal, que tenha alcançado o maior índice de desenvolvimento da educação básica – Ideb, no âmbito do projeto Aluno Nota 10 no município de Ananindeua, e dá outras providências.
Lei Complementar n.º 2.586, de 3 de setembro de 2012	Dispõe sobre a consolidação, a alteração e a atualização da legislação previdenciária do município de Ananindeua.
Decreto n.º 15.573, de 30 de setembro de 2013	Regulamenta o Art. n.º 108B, da Lei n.º 2.177, de 18 de julho de 2005, incluído pela Lei complementar n.º 2.626, de 25 de setembro de 2013, que dispõe sobre o auxílio alimentação destinado aos servidores ativos da prefeitura municipal de Ananindeua.

Documentos	Descritor
Lei n.º 2661, de 25 de março de 2014	Altera dispositivos da Lei n.º 2.177, de 7 de dezembro de 2005, sobre o Estatuto dos servidores públicos do município de Ananindeua, da Lei complementar n.º 2.477, de 5 de janeiro de 2011 e dá outras providências.
Decreto n.º 15.958, de 12 de abril de 2014	Regulamenta o Art. 29 da Lei n.º 2.355, de 16 de janeiro de 2009, que dispõe sobre a avaliação de desempenho do estágio probatório dos servidores do Poder Executivo do município de Ananindeua e dá outras providencias.
Lei n.º 2.661, de 25 de março de 2014	Altera dispositivos da Lei n.º 2.177, de 7 de dezembro de 2005, sobre o Estatuto dos Servidores Públicos do Município de Ananindeua, da Lei complementar n.º 2.477, de 5 de janeiro de 2011 e dá outras providências.
Lei n.º 2.719, de 28 de abril de 2015	Revoga o inteiro teor da Lei n.º 851, de 2 de dezembro de 1986, e dá outras providências.
Lei n.º 2.729, 18 de junho de 2015	Aprova o Plano Municipal de Educação, e dá outras providências.
Decreto n.º 17.097, de 16 de agosto de 2016	Dispõe sobre a regulamentação do Art. 55, da Lei n.º 2.355, de 16 de janeiro de 2009, para concessão de bolsa de estudos dos servidores inscritos no programa de aperfeiçoamento do magistério, estabelece requisitos, e dá outras providências.
Comunicações oficiais entre o Executivo e o Sintepp - subsede de Ananindeua/PA	Mostram a síntese dos posicionamentos do Executivo e as dos servidores do magistério público em educação sobre os itens Carreira e Remuneração no PCCR/2009.
Relatórios do Siope	Revelam o perfil financeiro do município de Ananindeua.

Fonte: elaborado pela autora (2018)

Os dados foram sistematizados considerando os seguintes indicadores:

a. Cargo, progressão, promoção e dimensões das progressões: esses indicadores permitem analisar a estrutura da carreira e a movimentação dos vencimentos dos servidores do magistério da rede municipal de Ananindeua/PA, decorridos a partir do tempo de serviço, da formação acadêmica e da qualificação profissional;

b. Recursos financeiros, número de professores e registro dos salários dos profissionais do magistério do município de Ananindeua/PA no Portal da Transparência: permitem revelar, ou não, as possibilidades e as limitações quanto à melhoria da carreira e remuneração dos professores do referido município.

Os dados foram analisados com base nas avaliações nos documentos oficiais concentrados sobre o PCCR da rede municipal de ensino de Ananindeua/PA. Os resultados estão organizados em gráficos, tabelas e quadros, dispostos nos programas Word e Excel versão 2016.

O presente trabalho está organizado em três capítulos, a saber:

No Capítulo I – A carreira e remuneração do magistério da educação básica no Brasil pós-1990 – pretende-se evidenciar, por meio de uma breve análise histórica, a carreira e a valorização dos profissionais do magistério no Brasil, pós-1990, com o objetivo de contextualizar o processo histórico das políticas educacionais implementadas no Brasil na década de 1990, de modo que possibilite visualizar e entender a origem dos problemas que impedem a dinamização da educação e a valorização dos profissionais do magistério. Busca-se avaliar o papel do Estado, por meio de um resgate histórico do processo de desenvolvimento, construção e fortalecimento do modo de produção capitalista e sua reconfiguração, com a finalidade de entender como se construíram as políticas públicas educacionais a partir dos anos 1990.

No Capítulo II – A educação e a organização da carreira e remuneração do magistério público na rede municipal de Ananindeua/PA no período de 2009-2023 – faz-se uma abordagem sobre o processo de implementação do PCCR, no que se refere à carreira e à remuneração dos servidores do magistério público. Objetiva-se verificar os aspectos históricos, econômicos e sociais; apresentar o contexto educacional do município de Ananindeua/PA; verificar a estrutura e a movimentação na carreira dos profissionais do magistério; verificar a composição da remuneração dos profissionais do magistério público; analisar as mudanças na carreira e remuneração com a implementação do PCCR dos servidores do magistério público.

No Capítulo III – Carreira e remuneração dos profissionais do magistério em Ananindeua/PA: possíveis alterações – busca-se a reanálise do arcabouço jurídico legal que evidenciará as alterações percebidas ao longo do estudo, nos itens carreira e remuneração previstos no PCCR, Lei n.º

2.355/2009 dos servidores do magistério público, assim como são analisadas as alterações observadas na carreira e nas remunerações, se configuraram em avanços ou retrocessos para esses profissionais.

Para fechar o trabalho, têm-se as Considerações finais.

CAPÍTULO I

CARREIRA E REMUNERAÇÃO DO MAGISTÉRIO DA EDUCAÇÃO BÁSICA NO BRASIL PÓS-1990

Analisar a carreira e a remuneração do magistério da educação básica remete a discussões mais amplas, tendo em vista que se trata de um fenômeno determinado por múltiplos fatores interligados. Desse modo, mostra-se relevante traçar algumas considerações sobre a reestruturação capitalista e suas relações com o Estado e as reformas decorrentes com rebatimentos nas políticas educacionais, entre elas na carreira e remuneração dos servidores do magistério da educação básica.

Assim sendo, destaca-se que a reestruturação capitalista decorrente da crise do capital nos anos 1970 é parte de um processo global que desencadeou crises nos estados nacionais, demandando reformas amplas, com base no ideário neoliberal que advoga a redução da intervenção do Estado em favor da ampliação da inserção dos mecanismos de mercado nas ações estatais, bem como é uma alternativa para enfrentar a crise global.

As reformas do Estado brasileiro, por sua vez, seguem as tendências internacionais, conduzidas sobre as pautas de uma política de ajuste fiscal que favoreceram as privatizações de empresas públicas e a desvinculação da ideia de proteção social.

1.1 Políticas públicas educacionais pós-reforma do Estado brasileiro

Importa antes esclarecer o conceito de políticas públicas que norteia este estudo, em função da existência de diferentes significados. Há uma profusão de definições, feitas ao longo do tempo por estudiosos que, para tanto e obviamente, utilizaram seus cabedais que os direcionaram ora para as ações de governos como foco norteador, ora guiando as atenções para o papel das políticas públicas na solução de problemas. Diante dessa abundância de conceitos e vertentes, Souza (2006, p. 26) resume política pública como:

> [...] o campo do conhecimento que busca ao mesmo tempo, "colocar o governo em ação" e/ou analisar essa ação (variável independente) e, quando necessário, propor mudanças

> no rumo ou curso dessas ações (variável dependente). A formulação de políticas públicas constitui-se no estágio em que os governos democráticos traduzem seus propósitos e plataformas eleitorais em programas e ações que produzirão resultados ou mudanças no mundo real.

Desse modo, destaca-se a concepção de Muller e Surel (2002), para quem uma política pública é, eminentemente, uma política governamental, e, assim sendo, expressa o poder do Estado, o qual detém a prerrogativa relativamente autoritária/coercitiva de tomar decisões e alocar recursos. Os autores ressaltam, entretanto, que essa dimensão autoritária ou coercitiva nem sempre é explícita, como em ações de defesa ou segurança interna. Quando se trata de políticas redistributivas, que atingem um maior número de pessoas, como as políticas sociais universais, a ação pública determina quem são os detentores de direito, ao estabelecer critérios que definem quem são os merecedores da ajuda do governo (SOUZA, 2006). De acordo com Muller e Surel (2002), estabelece-se uma relação dissimétrica entre o Estado, que tem o poder de modificar o ambiente jurídico, e os cidadãos, que são atingidos por essas ações.

Ainda de acordo com Muller e Surel (2002), a despeito do poder do Estado de tomar decisões e alocar recursos, uma política pública é mais que um conjunto de resoluções, haja vista que está ligada aos atores sociais, em busca de harmonizar interesses individuais e coletivos. Ao estudar uma política pública, frisam os estudiosos, é preciso levar em conta o conjunto dos indivíduos, grupos ou organizações cuja posição é afetada pela ação do Estado em dado espaço. Nessa relação dissimétrica entre Estado e cidadãos e suas organizações sociais, há um embate de ideias e interesses, muitas vezes conflitantes, num espaço heterogêneo onde convivem intenções diametralmente opostas (MULLER; SUREL, 2002). O Estado, ao tender a um ou outro interesse, demonstra sua concepção político-ideológica.

Para Gramsci (2000), o Estado traduz e reflete uma hegemonia da classe dominante para com a classe não dominante na sociedade capitalista, pois, nessa sociedade, existe uma fusão de agentes que integram o bloco de poder, os quais manifestam seus interesses por meio dos aparelhos hegemônicos.

Nesse contexto, é possível notar que o Estado, na concepção gramsciana, se dá por dois sentidos, que ele denomina "sociedade política", o estado-coerção, e "sociedade civil", que é a esfera da disputa hegemônica na sociedade capitalista. Para Gramsci (2000, p. 331), "Estado é todo o complexo de atividades práticas e teóricas com as quais a classe dirigente não só justifica e mantém seu domínio, mas consegue obter consenso dos governados". Isso significa dizer que o Estado, na concepção gramsciana, é o local onde a classe dominante exerce, sustenta e conquista o seu poder na sociedade, por meio da hegemonia.

Gramsci (2000, p. 225) ainda trata da "[...] hegemonia política e cultural de um grupo social sobre toda a sociedade, como conteúdo ético do Estado". Para o autor, a hegemonia é constituída por um conjunto de organizações responsáveis pela elaboração e difusão das ideologias, tais como os sindicatos, os partidos, as igrejas, o sistema escolar, a organização material da cultura e as organizações profissionais.

Estão inseridos nesse contexto, ainda, os partidos políticos, responsáveis pela gestão de um município, de um estado e até mesmo de uma nação, os quais, por meio da elaboração e difusão das ideologias, vão manifestar suas interferências, especialmente no campo da educação, do currículo escolar, dos conteúdos de ensino, assim como da carreira e remuneração dos profissionais da educação básica que estarão no centro da atenção governamental.

Conforme Engels (1978, p. 177),

> [...] a partir de um determinado momento do processo civilizatório, quando então a sociedade gentílica fratura-se numa sociedade de classes, o Estado torna-se uma necessidade para evitar a autodestruição dessa sociedade da qual ela emerge

O Estado surge para garantir a ordem entre os interesses antagônicos das classes que se originaram da divisão social do trabalho, conforme Marx e Engels (1980, p. 38-40).

Em decorrência desse fato histórico, o Estado passa a ser resultado de um processo social pelo qual a classe economicamente dominante acaba também estabelecendo o seu poder político sobre a sociedade. É nesse sentido que Engels (1981, p. 195) estabelece as bases da natureza do Estado, quando afirma que:

> O Estado não é, pois, de modo algum, um poder que se impôs à sociedade de fora para dentro; nem é a "realização da ideia moral", ou "a imagem e a realização da razão", como queria Hegel. O Estado é, antes, um produto da sociedade, quando este atinge um determinado grau de desenvolvimento, é a revelação de que essa sociedade enredou-se numa irremediável contradição consigo mesma e que está dividida em antagonismos irreconciliáveis, que não consegue superar.

> Mas, para que esses antagonismos, essas classes com interesses econômicos colidentes não se devorem e não fundem a sociedade numa luta fatal, torna-se necessário um poder colocado aparentemente acima da sociedade, chamado a amortecer o conflito e a mantê-lo nos limites da "ordem". Este poder, oriundo da sociedade, mas posto sobre ela e dela distanciando-se progressivamente, é o Estado.

O Estado se constitui como uma instituição de dominação, com poder estruturado pelos detentores dos meios de produção, e para que o processo gerador de lucro — o capitalismo — seja efetivo, é preciso minimizar os conflitos. Nesse contexto, o poder estatal é o principal responsável pela manutenção da ordem que possivelmente seria transgredida na medida em que os trabalhadores se conscientizassem de sua exploração.

A humanidade é constituída por uma permanente luta de classes, como deixa bem clara a frase inicial do primeiro capítulo de *O Manifesto Comunista*: "a história de toda sociedade passada é a história da luta de classes" (MARX; ENGELS, 1987). A luta dos contrários move a história.

Com a crise estrutural do capitalismo mundial na década de 1970, os países hegemônicos buscaram uma nova forma de dominação por meio da difusão do ideário neoliberal. Conforme atestam Maroneze e Lara (2009, p. 3280), "a cada fase de desenvolvimento do capital, há formas específicas de intervenção nas relações econômicas e sociais". Acompanhando as fases específicas, há, também, mudanças na relação entre Estado e sociedade. No atual estágio do desenvolvimento do capitalismo, o Estado burguês forja sua legitimação por meio de políticas públicas, essas também consequências decorrentes da luta de classes, tendo como função principal manter e controlar a força de trabalho (MARONEZE; LARA, 2009). É uma política que atende às demandas da ordem monopólica. As autoras frisam que as profundas mudanças provocadas pela mundialização do capital trouxeram novas exigências para o Estado. A reconfiguração do papel do Estado fez-se necessária para legitimar a nova ordem do capital mundial.

Além disso, as autoras destacam que, nesse processo de incorporação das premissas fundantes do neoliberalismo, minou-se a concepção do Estado de bem-estar social, taxado como ineficiente, ineficaz e pouco produtivo. As políticas de ajustes estruturais foram implantadas nos países periféricos a partir da década de 1980, quando, para tentar reverter os efeitos da crise, muitos países recorreram a empréstimos de agentes internacionais, como o Fundo Monetário Internacional (FMI) e o Banco Mundial (BM). Em contrapartida, esses países tiveram que aderir às reformas neoliberais (MARONEZE; LARA, 2009).

Como consequência, houve intensas mudanças na política educacional, "vendida" como o meio mais eficiente de tirar os países periféricos do subdesenvolvimento. A reestruturação da educação nos países subalternos teve forte regulação de agências internacionais de financiamento, como a Comissão Econômica para a América Latina e o Caribe (Cepal) e o BM.

No Brasil, a adesão à nova ordem mundial foi intensificada nos anos 1990, sob a presidência de Fernando Henrique Cardoso (PSDB), que implementou a política neoliberal por meio de uma ampla reforma do Estado, que consistiu em reduzir os gastos públicos, flexibilizar a legislação do trabalho, privatizar estatais e abrir o mercado a investidores internacionais. Todas essas medidas foram realizadas com o discurso de tornar a administração pública mais eficiente. Para tanto, o governo criou o Ministério da Administração e Reforma do Estado (Mare), que elaborou, em 1995, o Plano Diretor da Reforma do Aparelho do Estado, implantado com o objetivo de ampliar a governança do Estado e aumentar a eficiência estatal na implementação de políticas públicas (MARONEZE; LARA, 2009).

Segundo consta no documento:

> A reforma do Estado deve ser entendida dentro do contexto da redefinição do papel do Estado, que deixa de ser o responsável direto pelo desenvolvimento econômico e social pela via da produção de bens e serviços, para fortalecer-se na função de promotor e regulador desse desenvolvimento (BRASIL, 1995, p. 12).

Para Sader (1997), os fundamentos dessa matriz de Estado, contudo, indicam claramente a mercantilização dos direitos sociais, e não a sua defesa; o enfraquecimento do Estado de direito, conseguido com a luta das forças democráticas brasileiras; a instrumentalização dos direitos pela racionalidade econômica; o retrocesso na construção democrática e no exercício da cidadania.

Segundo Silva (2001, p. 4), o governo passou a assumir, nesse contexto, um discurso que veiculava o pressuposto de que o modelo de Estado das últimas décadas, devido à sua forte intervenção na economia e consideráveis gastos sociais, é o agente responsável pela emergência da crise econômica. A alternativa, portanto, para a resolução da crise, também no Brasil, passaria por uma reforma do Estado.

Para o então Ministro da Administração e Reforma do Estado, Bresser Pereira (1997, p. 7-9):

> [...] a partir dos anos 70, porém, face ao seu crescimento distorcido e ao processo de globalização, o Estado entrou em crise e se transformou na principal causa da redução das taxas de crescimento econômico, da elevação das taxas de desemprego e do aumento da taxa de inflação que, desde então, ocorreram em todo o mundo. [...] esta Grande Crise teve como causa fundamental a crise do Estado - uma crise fiscal do Estado, uma crise do modo de intervenção do Estado no econômico e no social, e uma crise da forma burocrática de administrar o Estado.

O Estado adotou algumas medidas após a reforma dos anos 1990, entre as quais: a busca pela eficiência e eficácia na administração pública; a descentralização administrativa entre os entes federados; políticas de avaliações externas, cumprimento de metas; estímulo às parcerias público-privadas, principalmente para os servidores de educação e saúde (PERONI, 2003).

Para Bresser Pereira (2010, p. 116), a característica marcante da reforma foi:

> [...] a distinção entre atividades exclusivas do Estado, que envolvem poder de estado, e as atividades não exclusivas que devem ser realizadas por organizações públicas não estatais. Essas organizações sociais garantem uma flexibilidade e uma eficiência administrativas maiores.

A redefinição do papel do Estado precisa ser entendida no contexto da reforma, por meio da qual deixa de ser o responsável pelo desenvolvimento econômico e social, por meio da produção de bens e serviços, e se fortalece na função de promover e regular o desenvolvimento.

Para Peroni (2003, p. 50),

> [...] torna-se evidente que não se trata de Estado mínimo genericamente. É o Estado de classe, hegemonizado pelas elites do setor financeiro, neste período particular do capitalismo, e que se torna mínimo apenas para as políticas sociais

Ao passo que as reformas avançaram, mostrou-se necessário que a ordem fosse mantida, a fim de garantir a implementação das medidas de austeridade. Cabe mencionar que as políticas neoliberais não devem ser vistas como uma versão apenas da doutrina liberal, haja vista que os estados capitalistas têm suas diferenças sociais, políticas, econômicas e regionais. Por conta disso, Saes (2001, p. 81-82) salienta que:

> Tais políticas não podem concretizar incondicionalmente os princípios econômicos liberais, já que elas não são implementadas num espaço social vazio, destituído de qualquer historicidade, e sim em sociedades capitalistas históricas, nas quais a política estatal repercute, há décadas, a influência de outros princípios econômicos.

Vale ressaltar que cada Estado tem autonomia para gerir políticas públicas que atendam às demandas dos seus territórios, de acordo com suas peculiaridades. Nesse sentido, o Plano Diretor da Reforma do Aparelho do Estado institui um Estado mínimo para as políticas públicas, com estratégias que primam pela privatização, desregulamentação e terceirização, descentralizando os serviços considerados não exclusivos do Estado, como saúde, educação, cultura e pesquisa científica (MARONEZE; LARA, 2009). Nesse contexto, a política educacional sofreu mudanças intensas, sob influência das agências multilaterais de financiamento, especialmente do Banco Mundial, da Organização das Nações Unidas para a Educação, a Ciência e a Cultura (Unesco); da Organização para a Cooperação e Desenvolvimento Econômico (OCDE); e do Programa das Nações Unidas para o Desenvolvimento (PNUD).

As agências multilaterais, além de orientar como as mudanças deveriam ser realizadas, também criaram as justificativas que fundamentaram as necessidades das novas políticas do Estado. No Brasil, a ação dessas agências foi mais de influência política, com a imposição de prioridades e de uma visão economicista da educação, que propriamente de alocação de recursos financeiros para a implementação de projetos educacionais. Maroneze e Lara (2009) chamam a atenção para o papel de orientador político exercido pelo Banco Mundial na área social brasileira. As orientações prescritas visavam assegurar a proteção política para viabilizar as condições de reprodução do capital, colocando a educação "como instrumento de crescimento econômico e de redução da pobreza, capaz de concretizar as reformas estruturais para a expansão do capital" (MARONEZE; LARA, 2009, p. 3286).

Oliveira (2009) aponta questões que marcaram o governo de FHC, como o Plano Real[10], que promoveu a racionalização e a modernização do Estado brasileiro, ampliou as privatizações de empresas públicas, a gestão

---

[10] O Plano Real foi desenvolvido como um plano de estabilização econômica pela equipe do Ministério da Fazenda na gestão de Fernando Henrique Cardoso, como ministro da Fazenda do governo Itamar Franco. Seu objetivo foi controlar a hiperinflação para pôr fim a quase três décadas de inflação elevada, o que implicou a substituição da antiga moeda pelo real, a partir de 1º de julho de 1994.

das políticas sociais voltadas para a descentralização. Esse modelo trouxe consequências consideráveis para a educação.

Para Oliveira (2009, p. 200), as reformas:

> [...] ocorridas no período FHC foram na contramão dos direitos e garantias conquistados na Constituição Federal de 1988. Como exemplo, a priorização do ensino fundamental na política de financiamento via Fundef [...] o amplo direito à educação, do nascimento à conclusão do ensino médio, sem limites de idade prevista na lei anterior, lei n. 5.692/71, foi substituído pela prioridade no ensino fundamental (determinada, sobretudo, pela força do financiamento compulsório) e a progressiva universalização do ensino médio.

Essas medidas apontam para a noção de priorização aos mais necessitados, igualando, assim, as políticas sociais. Nesse período, as reformas implantadas na educação brasileira resultaram, segundo Oliveira (2009), em reestruturação do ensino no Brasil, nos aspectos relativos à organização da escola, à redefinição do currículo, à avaliação, à gestão e ao seu financiamento.

Dessa maneira, foi realizada, no governo de FHC, uma redefinição na estrutura organizacional da educação brasileira, bem como alterações nas leis, a exemplo da Lei de Diretrizes e Bases da Educação Nacional (LDBEN), Lei n.º 9.394/96, que é a de maior expressão. Além disso, o governo do PSDB acompanhou as tendências em nível mundial, conforme Ball (2002 *apud* OLIVEIRA, 2009, p. 200):

> 1. A melhoria da economia nacional por meio do fortalecimento dos vínculos entre escolaridade, emprego, produtividade e comércio. 2. A melhoria do desempenho dos estudantes nas habilidades e competências relacionadas ao emprego. 3. A obtenção de um controle mais direto sobre o currículo e a avaliação. 4. A redução dos custos da educação suportados pelos governos. 5. O aumento da participação da comunidade local a partir de um papel mais direto na tomada de decisões relacionadas com a escola e através da pressão popular por meio da livre-escolha de mercado.

De acordo com Oliveira (2009, p. 203), tal processo fez com que a escola fosse se distanciando do contexto social e político mais amplo no qual está inserida, restringindo-se a uma visão do entorno mais imediato — o local —, o que, aos poucos, contribuiu para o enfraquecimento da noção de educação como bem público e universal.

Essa concepção de uma educação voltada para satisfazer às exigências do mercado de trabalho levou ao empobrecimento dos conteúdos, com enfoque nas habilidades técnicas necessárias ao trabalhador para desenvolver funções mecanicistas, que fundamentou as mudanças na educação básica brasileira, limitada a conteúdos mínimos. Para garantir a empregabilidade, basta saber ler, escrever e calcular. Saber ler sem interpretar, escrever sem consistência e calcular sem questionar para que servem os resultados. Os demais níveis de ensino foram relegados à iniciativa privada, com o argumento de que era necessário alocar recursos no nível básico, "restringindo o ensino secundário e superior àqueles que pudessem pagar" (MARONEZE; LARA, 2009, p. 3286).

Percebe-se a contradição do discurso dos agentes internacionais. Elegeram a educação como o caminho para a saída do subdesenvolvimento, mas orientaram políticas que submetem a qualidade do ensino a uma perspectiva economicista, reduzindo os investimentos na educação pública. Dentro dessa estratégia, a flexibilização foi estimulada, assim como o incentivo às parcerias com o setor privado e os empréstimos financeiros que privilegiavam "os insumos escolares em detrimento de fatores relacionados à formação e às questões salariais dos trabalhadores da educação" (MARONEZE; LARA, 2009, p. 3286).

Essa concepção neoliberal que prioriza insumos e despreza a formação e a valorização do trabalhador em educação acirrou ainda mais os ânimos entre os servidores e os governantes, levando a intensas mobilizações por melhores condições de trabalho, melhores salários e maior qualidade do ensino público. Passados, aproximadamente, vinte anos de luta e mobilizações intensas, um operário chega à presidência da república. Luís Inácio Lula da Silva é eleito pelo Partido dos Trabalhadores (PT) e permanece no governo por dois mandatos consecutivos (2003-2006 e 2007-2010), com o lema "A esperança vai vencer o medo". O petista vinculava à campanha política a adoção de medidas sociais para as pessoas mais carentes, pedia aos eleitores que confiassem na capacidade de governar de um ex-líder operário.

Para Paulani (2005), ainda que haja o entendimento de que a nossa economia estaria de certo modo blindada, o que aconteceu foi a retomada do crescimento econômico por conta de investimento, após o segundo mandato de Lula, que de certa forma amenizou alguns impactos da crise econômica internacional. Contudo, a alta das taxas de desemprego aliada à "servidão financeira[11]" à qual se encontrava a condução das políticas foram indícios de que "a maré não estava para peixes, ao menos para os peixes pequenos". Diante desse cenário, tentou-se sair da crise aumentando a liquidez. Com isso, quem saiu ganhando foram os banqueiros.

Conforme os estudos realizados por Poeta, Souza e Murcia (2010, p. 56):

> Em média, verificou-se que: (i) houve uma redução no retorno sobre o capital investido, (ii) um aumento na imobilização do capital próprio, (iii) a taxa de reinvestimento do lucro passou ser menor após a fusão, (iv) houve um aumento no nível de liquidez imediata e encaixe voluntário e (v) pequena redução na margem de lucro (1%).

Para Paulani (2010), assim que Lula assume o governo, e abraça com determinação antes não imaginada a receita ortodoxa da política econômica, usou como discurso oficial "a tese de que estávamos à beira do abismo, de que a economia brasileira derretia como manteiga e desfazia-se como gelatina, ou seja, que estávamos num típico estado de emergência", que obrigava, mesmo um governo de "esquerda" como o PT, a reconhecer que eram necessárias medidas mais duras, as quais, um mês antes, eram injustificáveis. A saber:

> Elevação do superávit primário, para além do exigido pelo FMI (de 3,75% para 4,25% do PIB); enorme aumento da então já elevadíssima taxa básica de juros (de 22% para 26% ao ano; brutal corte de liquidez (pelo aumento do compulsório dos bancos), que, da noite para o dia, tirou de circulação 10% dos meios de pagamento (PAULANI, 2010, p. 123).

Diante desse cenário, ainda segundo Paulani (2010, p. 123):

> [...] teria sido praticamente impossível a um governo do PT, eleito precisamente para mudar essa política, adotar e justificar essas medidas. Mas de tanto insistir na tese da beira do precipício, gerou-se a expectativa de que tal estado de emergência era mesmo uma exceção, e que o regime então adotado tinha caráter passageiro. [...] tão logo fosse ultrapassado a emergência, as coisas voltariam "ao normal", isto é, o governo do PT finalmente adotaria seu próprio pro-

---

[11] Leda Paulani, ao descrever o termo servidão financeira, suspeita que o caráter do vínculo que prende hoje o capitalismo periférico brasileiro do centro do sistema só pode ser definido em termos de servidão. "[...] parece-nos que para bem compreender hoje a relação que nos prende ao centro do sistema é preciso compreender o consentimento de dominação [...]" mas a obstinada vontade de produzi-la, algo só apreensível, no caso, servidão financeira.

grama de governo, um programa antineoliberal, de resgate do processo de desenvolvimento.

Importa lembrar que, quando um governo de esquerda assume o poder, espera-se, no mínimo, que haja implementação de políticas que atendam com dignidade à população. Contudo, segundo Oliveira, Francisco (2010, p. 23),

> A ilusão quanto ao peso da esquerda se desfez com as primeiras declarações do presidente reeleito, que reendossou apolítica econômica, manteve nos cargos algumas figuras emblemáticas (caso de Henrique Meirelles na presidência do Banco Central) e defendeu a "era Palocci" [...]. Para somar, Lula ainda compõe novo Ministério com reacionários do meio empresarial [...] – "a começar por Jorge Gerdau Johannpeter, proprietário do maior conjunto de siderúrgicas do Brasil (e de algumas no exterior), compradas na bacia das almas das privatizações do governo FHC".

No que concerne à política educacional, Oliveira (2010) afirma que o governo do presidente Lula foi marcado mais por permanência das políticas públicas deixadas pelo governo de FHC que por rupturas no campo educacional. Ainda segundo Oliveira, Dalila (2009, p. 198)

> Os primeiros quatro anos de mandato de Lula podem ser caracterizados, no que se refere à educação básica, pela ausência de políticas reguladoras e de ação firme no sentido de contrapor-se ao movimento de reformas iniciadas no governo anterior. [...] assistimos, nesses quatro anos, ações esparsas e uma grande diversidade de programas especiais, em sua maioria dirigida a um público focalizado entre os mais vulneráveis.

Percebe-se que a continuidade das propostas e programas do governo que o antecedeu não rompeu com as medidas já definidas e acordadas com o sistema capitalista. Conforme Oliveira, Dalila (2009), Lula lamentou não ter sido o preferido dos "ricos" e ainda cobrou dos banqueiros, dizendo que foi em seu governo que mais ganharam dinheiro. E, em seguida, disse que os "pobres" ganharam a eleição. A imprensa interpreta e encampa a ideia de que o Brasil havia sido divido entre "ricos" e "pobres".

Oliveira, Francisco (2010) continua dizendo que:

> [...] ao elegermos Lula, parecia ter sido borrado para sempre o preconceito de classe e destruídas as barreiras das desigualdades. Ao elevar-se à condição de *condottiere* e de mito, como as recentes eleições parecem comprovar, Lula despolitiza a questão da pobreza e da desigualdade. Ele as transforma em

> problemas de administração, derrota o suposto representante da burguesia, o PSDB, o que é inteiramente falso - e funcionaliza a pobreza (OLIVEIRA, 2010, p. 25).

Além disso, Oliveira, Francisco (2010) argumenta que Lula, no decorrer do primeiro mandato, sequestrou os movimentos sociais e a organização da sociedade civil. Colocou como ministro do trabalho um ex-sindicalista com experiência e influência na Central Única dos Trabalhadores (CUT); até mesmo o Movimento dos Trabalhadores Rurais Sem Terra (MST) pareceu ter sido neutralizado por depender do governo, que financiava o assentamento das famílias no programa de reforma agrária. Infelizmente, o que é dever do Estado passa a ser visto como favor.

Para muitos críticos e analistas, conforme relata Oliveira, Francisco (2010, p. 26):

> [...] o Bolsa Família é o grande programa de inclusão das classes dominadas na política. Isso é um grave equívoco, sobretudo por parte daqueles que cultivam a tradição marxista gramsciana. Entre eles estão Walquíria Domingues Leão Rego, o próprio ministro Tarso Genro e Luiz Jorge Werneck Vianna, sendo que este último considera o Bolsa Família, e o próprio governo Lula, a continuação da "via passiva" na longa e permanentemente inacabada revolução burguesa brasileira. [...] Parece que os dominados dominam, pois fornecem a "direção moral" e, fisicamente até, estão à testa de organizações do Estado, de modo direto ou indireto [...] parece que eles são os próprios capitalistas, pois os grandes fundos de pensão das estatais são o coração do novo sistema financeiro brasileiro e financiam pesadamente a dívida interna pública.

Esse sentimento de dominação da classe dominada é fruto da ideologia defendida pela burguesia de que as "classes dominadas são à sua imagem e semelhança". Com isso, não se questiona a forma como são exploradas pelos detentores dos meios de produção. É necessário destacar que a unificação, por meio do bloco no poder, não elimina "a luta de classe, a rivalidade dos interesses entre as frações sociais, encontra-se nele constantemente presente, conservando esses interesses a sua especificidade antagônica" (POULANTZAS, 1977a, p. 233).

Nesse contexto, a hegemonia restrita de uma classe ou fração não surge ao acaso, mas sim é possível

> [...] através da unidade própria de poder institucionalizado do Estado capitalista. [...]. A classe ou fração hegemônica polariza os interesses contraditórios específicos das diversas classes ou frações no bloco no poder, constituindo os seus interesses econômicos em interesses políticos, representando o interesse geral comum das classes ou frações do bloco no poder: interesse geral que consiste na exploração econômica e na dominação política [...]. O processo de constituição da hegemonia de uma classe ou fração difere quando essa hegemonia se exerce sobre as outras classes e frações dominantes – bloco no poder –, ou sobre o conjunto de uma formação, inclusive sobre as classes dominadas (POULANTZAS, 1977, p. 233-234).

Diante disso, Teixeira e Pinto (2012) destacam que a hegemonia restrita ao bloco no poder configurada por uma de suas frações dominantes é, em boa medida, resultado da exploração que essa fração exerce no processo produtivo, ao passo que a hegemonia ampla que uma fração dominante exerce sobre o conjunto da sociedade (classes dominadas) depende de sua função ideológica diante dos diversos segmentos dominados.

Contudo, importa esclarecer o que se entende por bloco no poder e classes dominadas, inclusive mostrar que existem classes-apoios[12] (ou frações de classe) que pertencem ao conjunto das classes dominadas, mas que, dada sua posição particular no processo de produção, apoiam o bloco no poder.

Segundo Teixeira e Pinto (2012), esse contexto de estabilização econômica e democracia política começou a entrar em crise a partir do primeiro mandato presidencial de Dilma Rousseff, eleita para o período 2011-2014, também pelo PT. Antes do término do mandato de Lula, começaram a aparecer mudanças estruturais que corroboraram o aumento de fissuras na hegemonia da fração bancário-financeira, em virtude do fortalecimento de outras frações (segmentos exportadores de *commodities*[13] e de parte da indústria nacional que passou a se recuperar em termos absolutos) e das consequências econômicas e ideológicas da crise financeira internacional.

---

[12] As classes-apoios são as frações que, apesar de fazerem parte dos dominados, apoiam uma forma de Estado capitalista, tais como os camponeses parcelares e o *lumpemproletariado*, proletariado no contexto bonapartista francês, e a pequena burguesia no fim do primeiro período da república parlamentar francesa. Os principais elementos explicativos disso são: i) as ilusões ideológicas; ii) o temor, fundado ou imaginário, do poder da classe operária.

[13] *Commodities* são produtos primários em estado bruto com elevada importância comercial tanto no mercado interno quanto no mercado externo (minérios, café, cereais, algodão etc.), segundo o dicionário eletrônico disponível em: http://www.pucsp.br/~acomin/econ002/glosglob.html. Acesso em: 15 ago. 2017.

Diante do cenário de crise, com fissuras na estrutura de poder e oportunidades para retomar o crescimento, o governo Dilma Rousseff inicia seu primeiro mandato. As questões pontuadas decorrem das mudanças em curso no Brasil e no mundo e que, de certa forma, propiciaram ao Estado maior autonomia das frações de classes. Desse modo, Teixeira e Pinto (2012) assinalam que, em decorrência das questões externas, aparentemente favoráveis no período de 2003 a 2007, e das consequências da crise de 2008, criou-se um cenário de redução da dependência financeira externa que resultou, aos poucos, na redução do poder de influência do setor bancário-financeiro. Ainda de acordo com os autores (TEIXEIRA; PINTO, 2012, p. 937),

> Este se valeu por anos [de um] "estado de emergência econômico" que supostamente justificaria a adoção das políticas ortodoxas em virtude das frequentes e iminentes "ameaças à segurança nacional", decorrentes da possibilidade de fugas de capital, crises cambiais e da volta da inflação. A redução da influência da fração bancário-financeira, em um momento em que ainda não se configura uma nova hegemonia, concedeu ao Estado uma rara autonomia diante das frações de classe. A presidenta Dilma deparou-se, então, com uma situação política bastante diferente daquela com a qual se deparou o presidente Lula em 2003.

Esse processo de instabilidade e crise econômica ocorre no contexto das eleições de 2014 com mais intensidade, e, finalmente, tem seu auge no *impeachment* presidencial, iniciado em maio de 2016, na Câmara Federal.

Para Sampaio Jr. (2012), o governo Dilma mantém a política neoliberal, cumpre o papel regulador do Estado, busca o crescimento econômico, a industrialização e tenta manter a governança mediante reformas sociais. Também defende que (SAMPAIO JR., 2012, p. 679), essa "nova" forma de buscar desenvolvimento ficou conhecida no meio acadêmico como neodesenvolvimentista[14], por se colocar o desafio de "conciliar os

---

[14] A obsessão em depurar o lado "negativo" e condensar os aspectos "positivos" dos dois polos que condicionam o novo desenvolvimentismo assume a forma de um hibridismo acrítico que se afirma menos pela originalidade de sua interpretação e mais pela contraposição de suas proposições alternativas aos dogmas da ortodoxia. Assim, toda a reflexão neodesenvolvimentista enquadra-se perfeitamente na pauta neoliberal. Na prática, a terceira via torna-se uma espécie de versão *ultra light* da estratégia de ajuste da economia brasileira aos imperativos do capital financeiro. O diferencial do neodesenvolvimentismo se resume ao esforço de atenuar os efeitos mais deletérios da ordem global sobre o crescimento, o parque industrial nacional e a desigualdade social. Não se questiona a possibilidade de a igualdade social e a soberania nacional serem simplesmente antagônicas com a estabilidade da moeda, a austeridade fiscal, a disciplina monetária, a busca incessante da competitividade internacional, a liberalização da economia. Procura-se o segredo da quadratura do círculo que permita conciliar crescimento e equidade (SAMPAIO JR., 2012, p. 680).

aspectos 'positivos' do neoliberalismo [...] com os aspectos 'positivos' do velho desenvolvimentismo".

Para tanto, o neodesenvolvimentismo deve ser visto não como uma possibilidade crítica ao neoliberalismo, mas como uma disfarçada investida neoliberal com o intuito de mascarar sua face desumanizadora, a fim de conciliar o inconciliável, pelo "fato de as determinações fundamentais do sistema do capital serem irreformáveis" (MESZÁROS, 2008, p. 27).

Desse modo, o governo da presidenta Dilma Rousseff, reeleita em 2014, esgotou sua capacidade de transformação (COSTA PINTO *et al.*, 2016, p. 4). "A desarticulação política é enorme, a economia encontra-se em profunda recessão e, junto com ela, seguem em crise os mecanismos de acumulação de parte expressiva dos capitalistas (não bancário-financeiro) brasileiros". Ainda segundo o autor, "a crise econômica e política persiste sem sinais de reversão. O que se observa é um aprofundamento da crise que ganha contornos críticos com o fim da frente política desenvolvimentista".

Caldas e Araújo (2017, p. 229) aprofundam a análise sobre o período petista no governo:

> Em um país marcadamente elitista e desigual, em um sistema político fortemente hegemonizado pelo conservadorismo e pela dominação dos interesses privados sobre os públicos, é preciso ter claro que cada espasmo de experiência no campo progressista precisa ser aproveitado com vigor para que se lancem marcos estruturais na defesa da democratização do saber e do poder.

Nesse contexto, tem-se o Brasil como um país no qual o desenvolvimento educacional é diminuto. Sendo assim, faz-se necessária a existência de programas direcionados à educação.

Caldas e Araújo (2017) separam o governo dirigido pelo PT em três dimensões: a primeira dimensão se refere a quanto o período em questão contribuiu para o avanço do direito à educação; a segunda verifica os embates mais importantes em matéria educacional — oferta pública e privada da educação; a terceira é direcionada às ações de democratização das decisões e dos canais de interação entre governo e sociedade civil. Caldas e Araújo (2017, p. 229), ao dissertarem sobre os investimentos em educação, citam que

> [...] a Constituição de 1988 interrompe uma trajetória de queda dos investimentos em Educação, notada entre 1973 e 1987, e retoma uma curva ascendente que vinha desde o final do primeiro governo de Getúlio Vargas (1930-1945)

Nesse cenário, é perceptível que os insumos destinados à educação já eram expressivos no começo do período do governo Lula.

Além disso, o processo de vagas também é resultado da pressão social, o que se reservou prestígio ao período político. Porém o ato de criar programas e expandir os investimentos trouxe um saldo favorável ao governo. Conforme Caldas e Araújo (2017, p. 231), "o governo FHC (1995-2002) – em sua lógica 'mercantilista' – definiu que a expansão de vagas se daria pelas instituições privadas. Não se criou nenhuma universidade pública em seus dois mandatos". Para esses autores, o governo petista conseguiu um pequeno aumento da regulação. No entanto, prosseguiu com a transferência de recursos financeiros para instituições privadas, inclusive com fins lucrativos.

Para esses mesmos autores, "atualmente, cerca de 75% das matrículas no ensino superior brasileiro são feitas em empresas privadas de educação"; como medida passageira, o investimento no setor privado e a inserção fiscal transformaram-se em pilares da oferta educacional, reduzindo o crescimento das instituições públicas, o que ocasionou a comercialização da educação.

Segundo Caldas e Araújo (2017), é na educação do setor privado que estão os conglomerados de fundações empresariais, tendo como aliado, por exemplo, Fernando Haddad, que teve um papel proeminente na definição do Plano de Desenvolvimento da Educação (PDE). Os recursos federais disponíveis para esse programa eram liberados de acordo com os cumprimentos das metas, as quais tinham por verificação a Prova Brasil e o Exame Nacional do Ensino Médio (Enem).

Dessa forma, mesmo com alguns avanços, a sociedade civil não conseguiu grande espaço de participação nas negociações. Ainda que não tivesse o intuito de centralizar recursos, o programa aumentou o desequilíbrio entre estados e municípios ricos e pobres, o que provocou precarização na oferta de serviços. Logo, mesmo ao incorporar pressões e demandas de movimentos progressistas, como o acolhimento à diversidade, os governos petistas mantiveram uma lógica mercadista, acentuando seu poder centralizador.

1.2 Política de financiamento para a educação básica e a valorização do magistério

Segundo Frigotto (2010), as práticas educacionais têm atendido, historicamente, ao capital, nos conteúdos e nas mais diversificadas formas, subordinando o homem nesse processo e atuando ambiguamente para as diferentes classes; a educação para a classe dos dirigentes volta-se para a formação humana, em todos os aspectos, enquanto para os trabalhadores visa à domesticação para atender às demandas de mercado.

Desse modo, importa esclarecer que as políticas sociais educacionais brasileiras tendem a cumprir o papel de minimizar as consequências prejudiciais do sistema capitalista, por meio de orientações de organismos multilaterais, que atuam no sentido de manter o *status quo* e de minimizar os direitos. Para Torres (2003), o BM tornou-se uma agência especializada em fornecer assistência técnica em políticas educacionais. Assim, a autora esclarece que:

> O BM não apresenta ideias isoladas, mas uma proposta articulada – uma ideologia e um pacote de medidas – para melhorar o acesso, a equidade e a qualidade dos sistemas escolares, particularmente do ensino de primeiro grau, nos países em desenvolvimento. Embora se reconheça que cada país e cada situação concreta requerem especificidades, trata-se de fato de um "pacote" de reforma proposto aos países em desenvolvimento que abrange um amplo conjunto de aspectos vinculados à educação, das macropolíticas até a sala de aula (TORRES, 2003, p. 126).

Importa destacar que, dado o leque de disputas e interesses, as políticas de Estado, no curto prazo, são resultado das relações de força no seio do Estado, ou seja, as políticas refletem "processos extremamente contraditórios, de medidas, de contramedidas, de blocagens, de filtragens escalonadas" (POULANTZAS, 1985, p. 96). Segundo Frigotto (2010, p. 20-21):

> A educação no Brasil, particularmente nas décadas de 60 e 70 [...] foi reduzida, pelo economicismo, a mero fator de produção - "capital humano". [...] passa a definir-se como uma técnica de preparar recursos humanos para o processo de produção. [...] adquirido, independentemente das relações de força e de classe, é capaz de operar o "milagre" da equalização social, econômica e política entre indivíduos, grupos, classes e nações. [...] Os efeitos do economicismo na política educacional, reforçado pela ideologia do regime militar, se expressaram, negativamente, de várias formas: pelo desmantelamento da escola pública e reforço da educação como "negócio"; pelo dualismo que materializava a quantidade e qualidade de serviços educacionais diversos para classes trabalhadoras e classes dominantes; pelo tecnicismo e fragmentação que diluíram e esmaeceram o processo de conhecimento; pela proletarização do magistério público etc.

Nessa lógica, a educação passa a ser considerada um alicerce para o desenvolvimento do Brasil, por meio da preparação de recursos humanos que atendam à reestruturação produtiva. Nessa direção, Frigotto (2010, p. 33) disserta:

> A educação e a formação humana terão como sujeito definidor as necessidades, as demandas do processo de acumulação de

> capital sob as diferentes formas históricas de sociabilidade que assumir. Ou seja, reguladas e subordinadas pela esfera privada, e a sua reprodução.

A reestruturação produtiva dita praticamente o direcionamento do ensino e as novas funções dos professores e das escolas. No Brasil, o desenvolvimento socioeconômico do país, sob a pressão da economia planetária globalizada, transformou a educação básica em um imperativo geral, como estratégia no circuito de uma formação para a cidadania produtiva.

Diante disso, em uma sociedade capitalista em que a educação é relacionada com a possibilidade de os sujeitos terem acesso ao mercado de trabalho, a política de financiamento da educação terá certa importância para definir os montantes de recursos disponíveis e os valores alocados em programas educacionais. No Brasil, é possível identificar políticas de financiamento da educação que representaram vários olhares por parte do poder público, sendo as concepções ideológicas dos governantes expressas com frequência nos marcos legais.

A Constituição Federal de 1988 define a educação como um direito social, no art. 6º. Com relação ao direito à educação, Raposo (2005) ressalta que a grande inovação no modelo constitucional de 1988 decorre de seu caráter democrático, especialmente pela preocupação em prever instrumentos voltados para sua efetividade. Para entender a dimensão do direito à educação, é imprescindível destacar que estão situados no contexto dos direitos sociais, econômicos e culturais os chamados direitos de segunda dimensão, no âmbito dos direitos fundamentais.

> A expressão direitos fundamentais guarda sinonímia com a expressão direitos humanos. São direitos que encontram seu fundamento de validade na preservação da condição humana [...], indispensáveis para a própria manutenção da condição humana (RAPOSO, 2005, p. 2).

O sentido do direito à educação na ordem constitucional de 1988 está intimamente ligado ao reconhecimento da dignidade da pessoa humana como fundamento da República Federativa do Brasil. Os objetivos da Carta Magna baseiam-se na construção de uma sociedade livre, justa e solidária; o desenvolvimento nacional; a erradicação da pobreza e da marginalidade; a redução das desigualdades sociais e regionais e a promoção do bem comum.

Dessa maneira, com a Constituição de 1988, o Estado brasileiro tem o dever de garantir o direito à educação por meio do seu financiamento, reafirmando a política de vinculação de receitas para a educação nos seguintes termos (art. 212):

> (Art. 212): A União aplicará, anualmente, nunca menos de dezoito, e os Estados, o Distrito Federal e os Municípios

vinte e cinco por cento, no mínimo, da receita resultante de impostos, compreendida a proveniente de transferências, na manutenção e desenvolvimento do ensino.

§ 1º - A parcela da arrecadação de impostos transferida pela União aos Estados, ao Distrito Federal e aos Municípios, ou pelos Estados aos respectivos Municípios, não é reconhecida, para efeito do cálculo previsto neste artigo, receita do governo que a transferir.

§ 2º - Para efeito do cumprimento do disposto no caput deste artigo, serão considerados os sistemas de ensino federal, estadual e municipal e os recursos aplicados na forma do Art. 213.

§ 3º - A distribuição dos recursos públicos assegurará prioridade ao atendimento das necessidades do ensino obrigatório, no que se que refere à universalização garantia de padrão de qualidade e equidade, nos termos do plano nacional de educação.

§ 4º - Os programas suplementares de alimentação e assistência à saúde previstos no Art. 208, VII, serão financiados com recursos provenientes de contribuições sociais e outros recursos orçamentários.

§ 5º - A educação básica pública terá como fonte adicional de financiamento a contribuição social do salário-educação, recolhida pelas empresas na forma da lei.

§ 6º - As cotas estaduais e municipais da arrecadação do salário-educação serão distribuídas proporcionalmente ao número de alunos matriculados na educação básica nas respectivas redes públicas de ensino.

O texto constitucional torna clara a prioridade da educação pública no país. O § 3º do art. 212 é, certamente, o mais contundente nesse ponto, demonstrando a relação entre o provimento de recursos públicos e as diretrizes educacionais mais amplas.

A amplitude da carga tributária a que se refere o *caput* do Art. 212 para os estados[15] e os municípios[16] é significativa, mas não suficiente.

---

[15] **Estados:** *Impostos próprios:* I – sobre a transmissão *"causa mortis"* e doação, de quaisquer bens ou direitos (ITCMD); II – sobre operações relativas à circulação de mercadorias e sobre prestações de serviços de transporte interestadual e intermunicipal e de comunicação, ainda que as operações e as prestações se iniciem no exterior (ICMS, do qual 25% pertencem aos Municípios); III – sobre propriedade de veículos automotores (IPVA, do qual 50% pertencem aos Municípios). *Transferências de Receita de Impostos da União:* I – produto da arrecadação do imposto da União sobre a renda e proventos de qualquer natureza, incidente na fonte, sobre rendimentos pagos, a qualquer título, pelos Estados, suas autarquias e pelas fundações que instituírem e mantiverem (IRRF); II – Fundo de Participação dos Estados constituído com parte da arrecadação da União (21,5%) do imposto sobre a renda e proventos de qualquer natureza e do imposto sobre produtos industrializados (FPE); III – dez por cento do produto da arrecadação da União sobre produtos industrializada proporcionalmente ao valor das respectivas exportações deduzidas à parte transferida para os Municípios (IPI/Exportação); IV– setenta e cinco por cento da compensação financeiras estabelecida na LC nº 87/96, relativa à desoneração do ICMS nas exportações de produtos primários e semielaborados (Lei Kandir).

[16] **Municípios:** *Impostos próprios:* I – sobre a propriedade predial e territorial urbana (IPTU); II – sobre a transmissão "inter-vivos", a qualquer título, por ato oneroso, de bens imóveis, por natureza ou acessão física, e de direitos

O período após a promulgação da CF de 1988 foi marcado por intensos debates em torno da regulamentação dos preceitos dispostos na chamada Constituição Cidadã. Na contramão do inovador texto constitucional, o Estado brasileiro adotou a política neoliberal, desvirtuando a garantia dos direitos sociais. Foi assim que a nova versão da LDBEN foi aprovada, depois de muitas contramarchas. Segundo Vieira e Vidal (2015, p. 27):

> [...] no apagar das luzes de 1996, o Congresso aprovou a primeira lei geral da educação desde 1996 – a Lei nº 9394, de 20 de dezembro de 1996. [...] Consequência da CF/1988, essa lei demorou oito anos para chegar ao formato final, que foi aprovado pelo Congresso Nacional em um período de grandes embates entre os diversos setores sociais.

A Emenda Constitucional 14, que entrou em vigor em 1º de janeiro de 1997, modificou os Art. 34, 208, 211 e 212 da Constituição Federal e deu nova redação ao art. 60 do Ato das Disposições Constitucionais Transitórias, introduzindo uma série de mudanças que retiraram direitos sociais originalmente contemplados pela CF de 1988, como a obrigatoriedade do ensino fundamental para os maiores de 14 anos e a progressiva extensão dessa exigência para o ensino médio. Outra característica nefasta da EC 14 foi a redefinição do papel da União no financiamento da educação básica (função supletiva e redistributiva):

> A união organizará o sistema federal de ensino e o dos Territórios, financiará as instituições de ensino públicas federais e exercerá, em matéria educacional, função **redistributiva e supletiva**, de forma a garantir equalização de oportunidades educacionais e padrão mínimo de qualidade do ensino mediante assistência técnica e financeira aos estados, ao Distrito Federal e aos Municípios (BRASIL, 1996, s/p).

---

sobre imóveis, exceto os de garantia, bem como cessão de direitos a sua aquisição (ITBI); III – sobre serviços de qualquer natureza, exceto os de transporte interestadual e intermunicipal e de comunicação da competência do Estado (ISS). *Transferências de Receita de Impostos da União e dos Estados*: I – produto da arrecadação do imposto da União sobre a renda e proventos de qualquer natureza, incidente na fonte, sobre rendimentos pagos, a qualquer título, pelos Municípios, suas autarquias e pelas fundações que instituírem e mantiverem (IRRF); II – Fundo de Participação dos Municípios constituído com parte da arrecadação da União (23,5%) do imposto sobre a renda e proventos de qualquer natureza e do imposto sobre produtos industrializados (FPM); III – vinte por cento da parte transferida aos Estados (10%) do produto da arrecadação da União sobre produtos industrializados proporcionalmente ao valor das respectivas exportações deduzido a parte transferida para os Municípios (IPI/Exportação); IV – vinte e cinco por cento da compensação financeiras estabelecida na LC nº 87/96, relativa à desoneração do ICMS nas exportações de produtos primários e semi-elaborados (Lei Kandir); V – vinte e cinco por cento da arrecadação do imposto do Estado sobre operações relativas à circulação de mercadorias e sobre prestações de serviços de transporte interestadual e intermunicipal e de comunicação (ICMS); VI – cinquenta por cento do produto de arrecadação do imposto da União sobre a propriedade territorial rural, relativamente aos imóveis localizados no território respectivo (IR); VII – cinquenta por cento do produto da arrecadação do imposto dos Estados sobre a propriedade de veículos automotores (IPVA).

O Fundo de Manutenção e Desenvolvimento do Ensino Fundamental e de Valorização do Magistério (Fundef) foi instituído pela EC 14, sendo de natureza contábil, de responsabilidade de cada estado da Federação e com duração de dez anos, ou seja, até 31 de dezembro de 2006. Os recursos eram depositados em conta específica do Banco do Brasil, proporcionais à matrícula de 1ª a 8ª séries do ensino fundamental, com base no censo escolar do Ministério da Educação (MEC) do ano anterior. De acordo com Pinto e Adrião (2006), a limitação às séries do ensino fundamental configurava um desestímulo ao investimento na educação de jovens e adultos. E, ainda, atrelar o repasse ao Censo escolar do ano anterior prejudicava as redes que pudessem estar em desenvolvimento.

Para que houvesse a complementação da União, o cálculo efetuado pelo Ministério da Fazenda deveria ser igual à diferença entre a receita prevista para o Fundef nos diferentes estados e Distrito Federal e o valor mínimo definido pelo governo federal para o mesmo ano. O valor mínimo anual por aluno era fixado por ato do presidente da república e, para calculá-lo, considerava-se a previsão de receita do Fundef e a matrícula total do ensino fundamental no ano anterior, acrescida do total estimado de novas matrículas. Pinto e Adrião (2006, p. 37) enfatizam que o valor estipulado não poderia ser inferior a esses dois itens, contudo:

> [...] como a União tem desrespeitado, sistematicamente, essa prescrição legal, seu débito para com Estados e Municípios, acumulado de 1998 a 2005, supera os 20 bilhões de reais, o que se configura como um dos "maiores calotes" ao ensino fundamental da história do Brasil.

De acordo com a destinação dos recursos do Fundef, prevista na CF de 1988, pelo menos 60% dos recursos deveriam ser gastos com o pagamento dos professores em efetivo exercício no magistério. Pinto e Adrião (2006) destacam que, embora o texto constitucional seja cristalino, alguns Tribunais de Contas seguem o texto da Lei n.º 9.424/1996 (dispõe sobre o Fundef), que adota a expressão mais abrangente "profissionais do magistério", redação que, no entender dos autores, além de inconstitucional, reduz a parcela do fundo destinada aos professores. Os 40% restantes do Fundef poderiam ser gastos com todos os itens admissíveis, como investimentos com a manutenção e desenvolvimento do ensino (MDE), desde que, no nível fundamental regular, fossem incluídos os gastos com formação continuada. Outra determinação importante da Lei n.º 9.424/1996 é a exigência de que estados e municípios organizem novos planos de carreira e de remuneração, de acordo com diretrizes fixadas pelo Conselho Nacional de Educação (CNE).

Segundo Araújo (2016), a política de financiamento da educação, no decorrer da história, revela que a expectativa com o Fundef era permitir o aperfeiçoamento do processo de gerenciamento orçamentário e financeiro do setor, promovendo ampliação dos recursos alocados no ensino fundamental. Autor como Negri (2002) afirma, por exemplo, que essa política de fundos implementada pelo Fundef promoveu uma minirreforma tributária no âmbito de cada unidade da federação.

Pinto (2007, p. 882) discorre a respeito do Fundef:

> [...] apresenta também um efeito "Robin Hood" às avessas e que atinge principalmente os pequenos municípios, em especial aqueles situados nas regiões mais pobres do país e cuja receita principal vem das transferências da União propiciadas pelo Fundo de Participação dos Municípios (FPM).

Nessa lógica, o estudo organizado por Bremaeker (2003 *apud* PINTO, 2007, p. 882) informa que "em 2002, 94% dos municípios com população inferior a 2 mil habitantes perderam recursos com o Fundef com população entre 2 mil e 5 mil habitantes". O autor prossegue:

> essas perdas aconteceram mesmo em municípios com elevado grau de municipalização do ensino fundamental. A causa desse efeito perverso provocado pelo Fundef, e que será acentuado pelo Fundeb, relaciona-se aos critérios de distribuição do FPM, segundo os quais os municípios de pequeno porte recebem um valor *"per capita"* proporcionalmente mais elevado que o daqueles de maior população (BREMAEKER, 2003 *apud* PINTO, 2007, p. 882).

O Fundef deixou de viger em 31 de dezembro de 2006. Em substituição, o governo federal criou, por meio da Emenda Constitucional n.º 53/2006, o Fundo de Manutenção e Desenvolvimento da Educação Básica e de Valorização dos Profissionais da Educação (Fundeb), regulamentado pela Lei n.º 11.494/2007 e pelo Decreto n.º 6.253/2007 (BRASIL, 2007). O período de vigência do novo Fundo é de 1º de janeiro de 2007 a 31 de dezembro de 2020. O Fundeb foi criado, em linhas gerais, nos mesmos moldes do Fundef.

Importa ressaltar que esse Fundo se estende para a educação básica e o percentual evolui de 15 para 20%, em escala gradativa, até 2010. Em paralelo, ocorre a complementação da União durante os 14 anos de vigência do Fundeb, aos estados que não conseguirem atingir o valor custo-aluno. O fundo compreende uma política de financiamento de longo prazo, que objetiva a criação de programas em prol da melhoria da qualidade da educação pública.

Contudo, o Fundeb, conforme Pinto (2007, p. 894),

> [...] representa um avanço ante o Fundef, ao resgatar o conceito de educação básica e ao fortalecer o controle social, porém não enfrentou os dois principais problemas de nossa política de fundos: 1) a inexistência de um valor mínimo por aluno que assegure um ensino de qualidade e que impeça as disparidades regionais; 2) embora o fundo seja único no âmbito de cada unidade da federação, os alunos permanecem atendidos por duas redes distintas, com padrões de funcionamento e de qualidade distintos e que dificilmente, conseguem estabelecer um regime de colaboração.

Desse modo, Pinto (2007) defende que a saída para combater as questões mencionadas seria a ampliação dos recursos em educação por parte do governo federal, que, segundo dados da Receita Federal, em 2005, contribuía apenas com 0,2% do PIB, valor inferior a um centésimo da receita tributária da União.

Desse modo, para Abicalil (2013, p. 144), "O Fundeb é uma parte, não é o conjunto de financiamento de educação básica [...] mais ainda, depois da EC nº 59/2009, que estendeu esta obrigatoriedade dos 4 aos 17 anos". Essa obrigatoriedade na oferta requer aumento de receita com gasto aluno, do contrário fica comprometido o cumprimento da demanda.

Para Davies (2008, p. 9), o recurso destinado pelos entes federados e pela União

> É um mecanismo com traços neoliberais, pois propõe basicamente uma redistribuição, entre governo estadual e as prefeituras, de uma parte significativa (20%) dos recursos já vinculados constitucionalmente à educação, com base nos critérios de número e tipo de matrículas na educação básica, com pouco acréscimo de recursos novos (a complementação federal), equivalente a 5% do total da receita do Fundeb em 2007. Em outras palavras, o Fundeb é mais uma proposta de racionalização dos gastos públicos segundo uma lógica quantativista e se baseia no pressuposto de que os recursos são suficientes, porém mal distribuídos entre os governos.

A educação, de certo modo, tem a sua estrutura organizada de financiamento, com características jurídico-institucionais e técnico-financeiras das fontes de recursos. É o caso da política de fundos que financia a educação pública, conforme afirma Gemaque (2005, p. 36):

> [...] trata-se de um mecanismo utilizado em vários períodos da história do financiamento da educação e com várias intenções: atuar como fonte principal de financiamento da educação pública; complementar os recursos existentes; subsidiar a implementação de novos projetos; adequar as responsabilidades pelo atendimento à capacidade fiscal, administrativa e institucional, entre outros.

Da mesma forma que o fundo anterior, o Fundeb exige a implementação ou adequação de planos de carreira para todos os entes federados ao que determina a Lei n.º 11.494/07. O Art. 41 da referida lei fixou prazo até 31 de agosto de 2007 para que o poder público definisse em lei específica o Piso Salarial Profissional Nacional (PSPN). Em 16 de julho de 2008 foi promulgada a Lei n.º 11.738, que regulamentou o PSPN para os profissionais do magistério público da educação básica. A promulgação da lei foi uma vitória da categoria, mobilizada em todo o território nacional.

Outras lutas que seguem até hoje reivindicam o cumprimento da Lei do piso; a participação na criação e/ou reformulação dos Planos de Cargos, Carreira e Remuneração (PCCR); e a implementação concreta das definições dos referidos planos, "materializando-se na legislação educacional critérios de valorização como fundamento principal para assegurar uma educação de qualidade no país" (SILVA CASTRO; CASTRO, 2010, p. 4). As autoras destacam que

> Nesse sentido, vislumbra-se também o reconhecimento de que a desvalorização dos profissionais da educação básica pode acarretar no futuro, custos altos para a nação considerando-se que profissionais desmotivados mal formados e sobrecarregados em suas jornadas de trabalho não conseguem oferecer um ensino de qualidade retardando todo processo de desenvolvimento social e econômico.

Embora a aprovação do Plano Nacional de Educação (PNE) seja recente, mudanças precisam ser discutidas, pois a proposta aprovada pela Conae era destinar 10% do PIB para a educação. Ademais, o PNE 2014-2024 não estipula data, nem meios de incrementar anualmente a ampliação desse investimento na educação pública, ou seja, falta maior clareza e transparência na definição dos parâmetros de alocação dos recursos (SILVA CASTRO; CASTRO, 2010, p. 4).

1.3 Carreira e remuneração dos profissionais do magistério da educação básica pós-1990

As questões que envolvem a carreira e a remuneração dos profissionais da educação básica parecem estar atreladas à problemática da qualidade do ensino público. Sabe-se que, historicamente, essa profissão surge em meio a contradições no decorrer da trajetória da constituição e organização da educação brasileira.

No período das décadas de 1980 e 1990, a compreensão da valorização do profissional da educação compõe a totalidade do movimento pelo direito à educação, como elemento fundante dos debates oriundos nessas décadas. No entanto, essa totalidade carregou marcas distintas no que se refere ao direito à educação. Uma foi a ampla participação da sociedade civil organizada, fruto do movimento da "redemocratização" do país. Outra foi a implementação dos princípios neoliberais na política educacional brasileira, que, com o passar do tempo, tem se aprofundado cada vez mais e atingido direitos sociais dos trabalhadores, de um modo geral, no que se refere à previdência, remuneração, condições de trabalho, entre outros.

As questões pontuadas por pesquisadores da educação como Pinto (2000), Gemaque (2004) e Gatti e Barreto (2009) sugerem que a busca pela melhoria da qualidade da educação passa pela implementação de políticas de valorização do magistério, o que, entre outros fatores, envolve o desenvolvimento de uma carreira efetivamente atraente para o ingresso e a permanência de bons profissionais na rede pública de ensino. Um dos principais fatores de atratividade é, irrefutavelmente, uma remuneração condigna[17], o que estimula o trabalho em sala de aula.

Os anos 1990 marcam o surgimento de algumas normatizações legais norteadoras da carreira docente, pois, com a promulgação da Constituição Federal de 1988, a sociedade brasileira passa a ter maior controle social e participação nos debates sobre o papel do Estado e as competências dos entes federados. É importante ressaltar a participação dos movimentos sociais para a garantia de direitos que apontem melhorias para a classe

---

[17] A expressão "condigna [...] associado na lei à palavra remuneração pressupunha a existência de méritos diferenciados no magistério, a serem medidos conforme os critérios de desempenho, de iniciativa de formação de dedicação exclusiva previstos nos Planos de Carreira. Assim, focando o professor do que a profissão do magistério, a concepção legal de docente, em termos de remuneração, aproximava-se mais do seu caráter individual do que coletivo, privilegiando mais a pessoa (e, consequentemente, o tão criticado 'isolamento docente'!), isto é, suas capacidades, suas competências, seus méritos, seu empenho, sua 'responsabilidade' etc. seu grupo" (RAMOS, 2009, p. 6).

trabalhadora. Desse modo, o amparo legal para a criação do PCCR para os trabalhadores da educação no Brasil ganha força com a promulgação da CF, que prevê a criação de PCCR no art. 206, incisos V, VIII e Parágrafo Único:

> V - valorização dos profissionais da educação escolar, garantidos, na forma da lei, planos de carreira, com ingresso exclusivamente por concurso público de provas e títulos, aos das redes públicas; VIII - piso salarial profissional nacional para os profissionais da educação escolar pública, nos termos de lei federal. Parágrafo único. A lei disporá sobre as categorias de trabalhadores considerados profissionais da educação básica e sobre a fixação de prazo para a elaboração ou adequação de seus planos de carreira, no âmbito da União, dos Estados, do Distrito Federal e dos Municípios (BRASIL, 1988, s/p).

A persistência para adequar ou criar os Planos de Cargos, Carreira e Remuneração do magistério público nos estados, nos municípios e no Distrito Federal tem sido alvo de discussões e debates por parte dos trabalhadores da educação. Embora seja uma exigência antiga — prevista no Art. 206 da CF e delineada pela LDB Lei n.º 9.394/96, que é específica da educação nacional em obediência ao mandamento constitucional do art. 22, XXIV —, não havia regulamentação que exigisse o seu cumprimento. Essa lei ordinária voltada para as diretrizes da LDB acolhe como princípio do ensino, no Art. 3º, VII, a valorização do profissional da educação escolar.

Outras legislações se destacam quanto à questão da valorização da carreira docente no Brasil por meio da criação ou revisão dos PCCR, tais como: Lei n.º 9.131, de 25 de novembro de 1995; Lei n.º 9.424, de 24 de dezembro de 1996 (Fundef), especialmente Art. 9º, parágrafos 1º, 2º e 3º; Lei n.º 96, de 31 de maio de 1999; Lei n.º 101/2000 – Lei de Responsabilidade Fiscal (LRF); Lei n.º 11.494, de 20 de junho de 2007 (Fundeb). Há, ainda, a Resolução n.º 3/97, a qual foi substituída pela n.º 2/09, do CNE, que fixou diretrizes nacionais para a implementação e/ou reformulação de Planos de Cargos, Carreira e Remuneração do magistério público, sendo a primeira normatizada no âmbito do Fundef e a segunda inserida no contexto do Fundeb e PSPN, que também foram analisados. Contudo, persiste a necessidade de estudos que explicitem maior compreensão dos indicadores de valorização referentes à carreira e remuneração dos profissionais do magistério praticados no âmbito dos municípios.

Além disso e sob esse princípio, a LDB dedicou o Art. 67 para esse fim, nos seguintes termos: "os sistemas de ensino promoverão a valorização dos profissionais da educação por meio do Piso Salarial Profissional Nacional (PSPN)". Isso pode ser considerado um avanço.

Scheibe (2010, p. 991-992) corrobora essa visão e aponta outras prioridades vinculadas ao trabalho docente que foram apresentadas para a definição de um novo PNE:

> A necessária redução da carga horária do professor, sem perda salarial, para aqueles que participam de programas de formação inicial; criar dispositivos legais que garantam a aplicação da dedicação exclusiva dos docentes em uma única instituição de ensino; estipular um número máximo de alunos por turma e por professor: (1) na educação infantil: de 0-2 anos, seis a oito crianças por professor; de 3 anos, até 15 crianças por professor; de 4-5 anos, até 20 crianças por professor; (2) no ensino fundamental: nos anos iniciais, 25 alunos por professor; nos anos finais, 30 alunos por professor; (3) no ensino médio e na educação superior, até 35 alunos por professor.

O PNE foi aprovado e sancionado por Dilma Rousseff, por meio da Lei Ordinária n.º 13.005/2014. Esse passou por um longo processo de discussão, com a Conferência Nacional de Educação (Conae), em 2010, que aprovou o documento final, no qual constam as concepções e prioridades a serem inseridas no PNE.

Segundo Lambertucci (2015)[18], as disparidades na remuneração são decorrentes da enorme diversidade de características das redes municipais e estaduais, com ausência de diretrizes específicas para a construção dos planos. Todavia, "encontrava-se a definição de um Piso Salarial Profissional (PSPN) como ponto de partida das discussões, apresentada pela Confederação Nacional dos Trabalhadores em Educação Pública (CNTE)" (GEMAQUE, 2004, p. 54).

Para Gemaque (2004, p. 57), ocorreu um processo de tensões, discussões, conflitos e divergências em torno da "instituição e o valor do piso e suplementação da União para complementar os recursos dos 'fundos articulados' nos Estados e municípios que não conseguissem pagar o

---

[18] Antonio Roberto Lambertucci é diretor da Diretoria de Valorização dos Profissionais da Educação da Secretaria de Articulação com os Sistemas de Ensino do MEC (Divap/Sase). Disponível em: http://revistaescolapublica. com.br/textos/43/uma-carreira-para-a-educacao-338984-1.asp. Acesso em: 5 jul. 2016.

piso com seus próprios recursos". Após amplos debates organizados pela Confederação Nacional dos Trabalhadores em Educação Pública (CNTE), pelo Congresso Nacional e outros, embora ainda houvesse controvérsias entre algumas entidades (sindicatos, associações e outros movimentos da sociedade civil), foi aprovada a Lei n.º 1.738/2008, que estabeleceu o PSPN para os profissionais do magistério público da educação básica e que, em seu Art. 6º, obriga os estados e os municípios a constituírem a elaboração ou adequação de seus Planos de Carreira e Remuneração do Magistério até 31 de dezembro de 2009.

Scheibe (2010) faz uma reflexão sobre a necessidade de valorização e aprimoramento da formação dos professores no Brasil. Ele explica que os dados do censo escolar de 2007 mostram que 68,4% dos professores atuam na educação básica. Desses, 10% não têm curso de licenciatura. Essa deficiência é maior nos últimos anos do ensino fundamental e do ensino médio. Nas Ciências Exatas o problema se agrava, porque faltam professores para suprir a demanda.

Um dos problemas apontados pelo autor no âmbito da política educacional no Brasil é a inexistência de um Sistema Nacional de Educação, porque a autonomia dos entes federados, constitucionalmente definida, viabilizou o estabelecimento de sistemas em cada uma dessas esferas (SCHEIBE, 2010). Assim, há professores vinculados à esfera federal, estadual e municipal; professores rurais e urbanos; professores concursados e contratados; professores da rede pública e professores da rede particular; professores titulados e não titulados. Esse contexto origina planos de carreira diferenciados e duplicação de jornada em carreiras diferentes. Por isso, "A inexistência de um *Sistema Nacional de Educação* no Brasil pode ser uma das razões pelas quais a *profissão docente* se apresenta, hoje, extremamente diferenciada e fragmentada" (SCHEIBE, 2010, p. 984).

A elevação do nível socioeconômico da categoria de professores ainda se depara com uma série de desafios, segundo Scheibe (2010), tais como: baixos salários, precariedade nas condições de trabalho, salas superlotadas, indisciplina dos alunos, violência nas escolas e longas jornadas de trabalho.

A formação interdisciplinar também é um desafio, porque ainda prevalece uma forte tradição disciplinar, com reflexos na prática docente. Ademais, a formação dos professores não demonstra um desenho claro do perfil profissional a ser atingido, associado de forma mais orgânica ao campo da prática docente, ou seja, o professor adquire formação teórica na área de conhecimento, mas carece de um entendimento maior sobre como atuar com os alunos, quais as finalidades do ensino e outras perspectivas no âmbito do ensino-aprendizagem (SCHEIBE, 2010).

Carvalho (2012), ao refletir sobre a formação do professor, explica que a tradição do conhecimento disciplinar, "despedaçado", compartimentalizado, fragmentado e especializado, reduziu a complexidade do real, impossibilitando uma compreensão diversificada e multifacetada das interrelações que constituem o mundo.

É oportuno salientar que alguns avanços no aspecto financeiro estão garantidos legalmente. Scheibe (2010) assinala o estabelecimento do PSPN com obrigatoriedade de reajustes anuais. Todavia, os entes federados ainda relutam em cumprir a lei, apoiando-se na LRF (Lei Complementar nº 101, de 4 de maio de 2000), argumentando que os reajustes no piso ultrapassam as metas de gastos estabelecidos pela referida lei, além da fragilidade na forma de calcular o reajuste, o que tem ensejado tentativas de alteração por parte do governo e do parlamento. As dificuldades das esferas federativas de cumprir o piso nacional da educação, particularmente estados e municípios, encontram-se circunscritas nas desigualdades predominantes na estrutura do federalismo brasileiro, como ressaltam Oliveira e Santana (2010, p. 9):

> Na estruturação adquirida por esse regime no Brasil, observa-se uma diferenciação acentuada na distribuição das receitas fiscais, no padrão das políticas públicas e, no caso da educação, grande diversidade na forma e nos meios de provimento desse direito.

Entende-se, assim, que a política educacional de valorização do professor não pode ficar atrelada a metas fiscais. É preciso definir fundos de recursos para superar a dificuldade dos entes federados de cumprir a Lei n.º 11.738/2008, caso contrário a possibilidade de melhorar a remuneração dos professores continuará limitada, assim como as perspectivas de garantir uma carreira promissora.

Em harmonia com essa crítica, vale lembrar a objeção feita por Oliveira e Santana (2010) quanto à assimetria entre as condições econômicas dos entes federados e a distribuição de competências previstas na CF de 1988. Nesse particular, não há condições econômicas de igualdade entre as regiões e de financiamento entre os entes federados de modo a viabilizar a universalidade do direito à educação como igualitário.

Oliveira e Santana (2010) esclarecem que a divisão dos recursos orçamentários, decorrentes da estrutura tributária no Brasil, não se alterou. A incorporação do município como ente federativo pela CF de 1988 agravou o quadro, pois a responsabilidade dos municípios na oferta educacional se ampliou, ocorrendo o descompasso entre os recursos disponibilizados e competências atribuídas constitucionalmente, mesmo incluindo os mecanismos de transferência intergovernamentais.

Em consonância, Scheibe (2010) pontua que o princípio da descentralização no reconhecimento do município como ente federativo colocou em evidência a organização dos diversos entes federativos em regime de colaboração, mas isso ainda não se consolidou, como afirma o seguinte trecho de seu posicionamento:

> Todavia, **esse regime (federativo) não se encontra suficientemente estabelecido e regulamentado no país. Serve, ao mesmo tempo, para permitir demasiada descentralização em determinadas responsabilizações, e centralizações talvez excessivas em outras.** A reestruturação da participação da União na área da educação e da valorização e formação dos profissionais docentes tem sido de caráter, sobretudo centralizado, o que foi sendo explicitado a partir da aprovação da própria LDB/1996 e de outras legislações, tais como a criação do Fundo de Manutenção e Desenvolvimento do Ensino Fundamental e Valorização do Magistério (Fundef), pela Lei nº 9.424/1996, posteriormente transformado em Fundo de Manutenção e Desenvolvimento do Ensino Básico e Valorização do Magistério (Fundeb), pela Lei n. 11.494/2007. Este fundo estabelece a perspectiva de per capita mínimos para cada etapa da educação básica e oferece a todas as etapas, da creche ao ensino médio, o beneficiamento de recursos federais, compromisso da União com este nível de escolarização que se estenderá até 2020 (SCHEIBE, 2010, p. 986, grifos nossos).

Referindo-se ao assunto, Scheibe (2010) ressalta que a Resolução CNE/CEB n.º 2/2009 fixou Diretrizes Nacionais para os Planos de Carreira e Remuneração dos Profissionais do Magistério da Educação Básica Pública, todavia a implementação ainda é desafio para o próximo decênio e uma das agendas fundamentais na discussão de atualização dos Planos Nacionais de Educação.

Saviani (2014) esclarece que a formação dos professores, a definição de carreira, e as condições de exercício docente não são competência a ser confiada aos municípios, seja porque a maioria desses não preenche os requisitos para atuar nessas questões, seja pelo fato de a LDB, no inciso V do art. 11, os impedir de atuar na formação de professores, uma vez que somente poderão se dedicar a outros níveis de ensino ulteriores ao fundamental "quando estiverem atendidas plenamente as necessidades de sua área de competência e com recursos acima dos percentuais mínimos vinculados pela CF à manutenção e desenvolvimento do ensino".

Um dos pontos favoráveis à formação de professores licenciados em instituições públicas de ensino superior foi definido no documento final da Conae, determinando a realização de estudos para estabelecer um fundo de manutenção e desenvolvimento da educação superior, associando, de forma adequada, recursos provenientes dos impostos, taxas e contribuições. Essa iniciativa visa efetivar a autonomia das universidades públicas prevista na CF de 1988.

É válido ressaltar que a preocupação em ampliar a formação dos professores licenciados em instituições de ensino superior públicas é o fato de a maioria dos professores brasileiros ainda se originar de instituições privadas (SCHEIBE, 2010, p. 18), as quais se organizam como empresas comerciais, "o que gera na maioria das vezes, resultados insatisfatórios com a qualidade da formação, uma vez que elas não estão voltadas para a produção de conhecimento e desenvolvem o ensino em carreiras que exigem baixos investimentos". Comungando dessa ideia, Saviani (2014, p. 30) assinala:

> Nesse aspecto, é de grande relevância levar em conta a proposta do Manifesto, assegurando a formação em nível superior para o que propus a instauração de uma sólida rede de formação docente, ancorada nas universidades públicas para contestar a situação hoje vigente, em que a grande maioria dos professores que atuam nas amplas redes públicas de educação básica é formada por escolas superiores privadas de duvidosa qualidade.

Outros pontos relevantes para a garantia da formação de licenciados nas instituições públicas de ensino superior definidos no documento final da Conae foram:

> e) [...] Alocar recursos financeiros específicos para a expansão da graduação nas instituições públicas no período noturno, com a condição de que o número de vagas nesse período seja 1/3 (um terço) do número total de vagas; f) Definir parâmetros que expressem a qualidade da instituição de educação superior e estabelecer que o volume mínimo de

> recursos financeiros seja alocado para que as atividades de ensino (graduação e pós-graduação), pesquisa e extensão reflitam a qualidade estabelecida; g) Estabelecer programas de apoio à permanência dos/das estudantes nas instituições públicas, considerando-se que há a necessidade de provocar uma grande expansão dos cursos de graduação dos cursos presenciais [...] j) Garantir financiamento do governo federal ou estadual nos campi universitários públicos para oferta de curso de graduação, pós-graduação, mestrado e doutorado aos/às profissionais da educação (CONAE, 2010, p. 116-117).

É possível que o dispositivo da Constituição seja um dos fatores que levam os trabalhadores da educação a reivindicarem planos de cargo, carreira e remuneração ao longo de décadas, e bem antes da promulgação da Constituição de 1988, sendo ignorados por completo pelos governantes. As conquistas da CF de 1988 foram reforçadas pela luta dos trabalhadores.

Nos últimos anos, é possível perceber iniciativas quanto à formulação de políticas públicas educacionais e de gestão escolar que caibam no processo de reforma do Estado, bem como no processo de reforma na lógica do Estado mínimo, em que a função reguladora assume a prestação de serviços públicos.

Trabalhadores do magistério público, principalmente, há décadas apontam, por meio de organizações sindicais, a valorização como forma de garantir escola pública, gratuita e com qualidade social. E a valorização se traduz em uma política séria, que possibilite salários dignos e a possibilidade de uma carreira que garanta a segurança profissional ao logo dos anos, o que se reflete na tranquilidade do exercício das atividades próprias do magistério.

As políticas que vêm sendo implementadas estão na contramão dessa diretriz. Uma prova disso, em se tratando da retribuição financeira como pagamento do trabalho docente, é que há uma confusão na utilização de palavras que se referem a esse pagamento. Faz-se necessário esclarecer alguns termos como "salário", "vencimento" e "remuneração". Tais termos podem ser utilizados de forma equivocada, sendo aplicados conforme a profissão que se exerce e a base de cálculo que se apresenta (CAMARGO *et al.*, 2009). Assim sendo, define-se que:

> O salário é definido juridicamente como uma retribuição paga diretamente pelo empregador ao empregado pelo tempo de trabalho realizado. Assim, só o montante pago pelo empregador a título de retribuição é considerado "salário" – nos

> termos da Consolidação das Leis do Trabalho (CLT). Já o termo "vencimento" é definido legalmente (lei nº 8.112, de 11/12/1990, art. 40) como "retribuição pecuniária pelo exercício de cargo público, com valor fixado em lei". Os vencimentos dos cargos efetivos são irredutíveis e, para cargos de mesma atribuição ou de atribuição semelhante na mesma esfera administrativa, é garantida isonomia. O conceito de "remuneração", por sua vez, pode ser definido como o montante de dinheiro e/ou bens pagos pelo serviço prestado, incluindo valores pagos por terceiros. A remuneração é a soma dos benefícios financeiros, dentre eles o salário, acordada por um contrato assinado entre empregado e empregador. O salário é, assim, uma parte da remuneração (CAMARGO *et al.*, 2009, p. 342).

Conforme Camargo *et al.* (2009), os trabalhadores do magistério público percebem remuneração composta do vencimento do cargo que ocupam acrescido de vantagens pecuniárias permanentes, fixadas em lei, ou ainda se pode chamar de "salário-base" mais as vantagens temporais, gratificações, auxílio transporte, vale-alimentação etc., como previsto pela CF de 1988, no art. 206, inciso V, o qual indica a criação de planos de carreira para o magistério público de provas e títulos. Segundo Camargo *et al.* (2009, p. 343), na LDB se reforça esse

> [...] dispositivo no art. 67, estabelecendo que os sistemas de ensino promovam a valorização dos profissionais da educação, assegurando-lhes, inclusive nos termos dos estatutos e dos planos de carreira do magistério público: I – ingresso exclusivamente por concurso público de provas e títulos; II – aperfeiçoamento profissional continuado, inclusive com licenciamento periódico remunerado para esse fim; III – piso salarial profissional; IV – progressão funcional baseada na titulação ou habilitação, e na avaliação do desempenho; V – período reservado a estudos, planejamento e avaliação, incluído na carga de trabalho; VI – condições adequadas de trabalho. E contempla, no art. 70, a remuneração dos profissionais da educação como despesa de manutenção de desenvolvimento do ensino.

Dentro desse contexto, a sobrecarga de trabalho é outro fator que contribui para a desvalorização da profissão. Monlevade (2000) relata que, ao se relacionar o número de matrículas com a arrecadação de impostos, percebe-se que o aumento do número de alunos influenciou a sobrecarga de trabalho, a desvalorização salarial e a desqualificação da profissão.

Dessa feita, pode-se perceber que,

> [...] no caso dos professores públicos, que por variações no total ou na composição interna da jornada, que redundam em trabalho com mais alunos – maior "produtividade", dir-se-ia em linguagem gerencial capitalista – se desvaloriza salarialmente o professor, mesmo que durante certo tempo ele possa receber uma remuneração nominal maior (MONLEVADE, 2000, p. 71).

Como é possível perceber, o autor avalia que a política de fundo não conseguiu resolver a questão salarial, pois o que houve foi um aumento nominal de remuneração, em 1998, naqueles municípios que pagavam salário-mínimo ou menos que isso (é o caso de Ananindeua, no estado do Pará, que, segundo o coordenador do Sintepp-subsede Ananindeua, antes do PCCR, pagava salário-mínimo). Embora nos anos 1990 o discurso fosse a melhoria da qualidade da educação como prioridade, isso não se efetivou, deixando a desejar, principalmente quanto à sobrecarga de trabalho e baixos salários para os docentes.

CAPÍTULO II

EDUCAÇÃO E ORGANIZAÇÃO DA CARREIRA E REMUNERAÇÃO DO MAGISTÉRIO PÚBLICO NA REDE MUNICIPAL DE ANANINDEUA/PA NO PERÍODO DE 2009-2016

2.1 Caracterização do município de Ananindeua: aspectos históricos, geográficos, culturais, sociais e econômicos

No passado Pioneiro surgiu
E a GNS ele então aboliu
Com o Hélder foi uma lambança
Quase fui trabalhar em Bragança

Pra piorar o Pioneiro voltou
E o que era ruim, então piorou
É um paga, não paga
Uma história sem fim
Enrolando o professor ananin

A profissão virou risco de morte
Só não morri porque estou dando sorte
Em Ananindeua, onde já se viu?!
É pior que o resto do Brasil!
(Autor desconhecido)[19]

O município de Ananindeua[20], situado na Região Metropolitana de Belém (RMB), no estado do Pará, constitui atualmente o segundo município mais populoso do estado do Pará e o terceiro mais populoso do Norte do Brasil, tendo uma área de aproximadamente 190,451 km², e uma população estimada em 530.598 habitantes em 2019, segundo o Instituto Brasileiro de

---

[19] Paródia cujo autor é professor da rede municipal de ensino, porém não quis ser identificado. Retrata a luta pelo pagamento da gratificação de nível superior (GNS) judicializada desde 2005.

[20] O nome Ananindeua é de origem tupi e deve-se à grande quantidade de árvore chamada anani, árvore que produz a resina de cerol utilizada para lacrar as fendas das embarcações. A cidade é originária de ribeirinhos, e começou a ser povoada a partir da antiga Estrada de Ferro de Bragança.

Geografia e Estatística (IBGE, 2020). A cidade é proveniente de populações ribeirinhas e começou a ser habitada a partir da construção da antiga Estrada de Ferro de Bragança[21], em meados do século XIX.

Situado às margens do rio Maguari, o município é constituído de 14 ilhas, entre as quais se destacam: João Pilatos, Viçosa, Mutá, Igarapé Grande, São José, Santa Rosa, Sassunema e Guajarina. Essa situação comprova expressiva população ribeirinha. A área insular de Ananindeua fica ao norte do município e é formada por rios como o Maguari, e furos, como o da Bela Vista e o das Marinhas (ALMEIDA, 2010). Na composição populacional do município estão inseridos os remanescentes quilombolas concentrados na área do Abacatal.

O crescimento populacional do município se deu a partir da construção da BR-010 (Belém-Brasília), na década de 1960. Nesse período, diversas indústrias localizadas em Belém começaram a se instalar ao longo da respectiva rodovia. Às margens desse processo, algumas áreas foram ocupadas pela população nos limites dos conjuntos habitacionais, de forma que, atualmente, a área continental de Ananindeua abriga mais de 90% da população do município (IBGE, 2010).

Em Ananindeua está localizado o Complexo do PAAR[22], que foi considerado a maior ocupação urbana da América Latina. Nessa região é importante destacar a existência de bairros do Distrito Industrial, Icuí e 40 Horas, os quais formam as áreas de atuação do Programa Nacional de Segurança Pública com Cidadania (Pronasci). Esse programa abriga famílias consideradas de baixa renda e jovens em situação de vulnerabilidade social (BASTOS, 2013).

A Figura 1 mostra o mapa do município de Ananindeua e seus limites territoriais: ao Norte e ao Oeste, faz fronteira com o município de Belém; ao Sul, com o rio Guamá; e, ao Leste, com os municípios de Benevides, Marituba e Santa Bárbara do Pará.

---

[21] Informação disponível em: http://cidades.ibge.gov.br/painel/historico.php?lang=&codmun=150080&search=para|ananindeua|infograficos:-historic. Acesso em: 23 set. 2023.

[22] O termo PAAR significa Pará, Amapá, Amazonas e Roraima.

Figura 1 – Mapa do município de Ananindeua, Pará

Fonte: IBGE (2023)

Segundo Bastos (2013), foi possível identificar a trajetória de ocupação do município de Ananindeua que foi caracterizada pelo processo de migração. Forçadas a abandonar suas origens, as populações se lançaram em busca de melhores condições de sobrevivência em áreas devolutas do município.

As áreas do município de Ananindeua estão distribuídas entre os conjuntos habitacionais da Cidade Nova (1, 2, 3, 4, 5, 6, 7 e 8) e bairros como Icuí-Laranjeira, Icuí-Guajará, Águas Brancas, Curuçambá, PAAR, Heliolândia, Distrito Industrial, Geraldo Palmeira, Jiboia Branca, 40 Horas, Guanabara, Cabanagem, Águas Lindas, Atalaia, Maguari, Aurá e Área Rural. São bairros que foram habitados de forma desordenada e são desprovidos de condições de assentamento, com exceção dos conjuntos Cidade Nova e Guajará.

De acordo com Farias (2004), o "inchaço" da capital do estado do Pará teve implicações diretas no processo de ocupação do município de Ananindeua, principalmente no final das décadas de 1980-1990, período no qual o município vivenciou acelerado processo de ocupação. Evidencia-se, assim, que a história de Ananindeua tem relação direta com a de Belém.

As principais atividades econômicas do município estão concentradas no setor de serviços, responsável direto por 76,6% da economia local. A indústria também contribui respondendo por, aproximadamente, 23% de sua economia. O setor agropecuário participa com apenas 0,4% (IBGE, 2010).

Cabe destacar que a base da economia do município de Ananindeua tem forte relação com a capital, a qual reúne, no âmbito do seu centro comercial, grande parte dos vínculos empregatícios de cunho formal, e a maioria dos equipamentos utilizados nos serviços públicos e privados da RMB (BASTOS, 2013).

Contudo, para Bastos (2013), essa dependência com relação a Belém vem diminuindo ao longo dos últimos dez anos, como resultado da atuação da iniciativa privada, responsável pela construção de prédios e outros equipamentos comerciais de grande porte, centros educacionais e redes de condomínio de médio e alto padrão.

Segundo dados do IBGE (2010), o número de pessoas ocupadas corresponde a, aproximadamente, 199.899 trabalhadores(as), considerando ocupações formais e não formais. O setor de serviços é responsável por grande parte dessas ocupações. Com relação à diferença entre trabalho formal e não formal, destaca-se o segundo como responsável por ocupar mais da metade da população de Ananindeua.

Tabela 1 – Quantitativo de pessoas ocupadas segundo o tipo – Ananindeua e Região Metropolitana, Pará – 2010

Município	Pessoas ocupadas (2010)	Taxa de desocupação (%) (2010)	Ocupações formais (%) (2010)	Ocupações não formais (%) (2010)
Pará	2.901.864	9,15	31,68	68,32
Metropolitana	860.700	10,81	48,30	51,70
Ananindeua	199.899	11,22	47,28	52,72
Belém	595.399	10,28	48,88	51,12
Benevides	19.576	13,91	40,88	59,12
Marituba	40.003	14,72	50,68	49,32
Santa Bárbara do Pará	5.823	11,56	32,30	67,70

Fonte: IBGE – Censos Demográficos 2010 / Fapespa

De acordo com os dados apresentados na Tabela 1, o Pará tem 2.901.864 pessoas ocupadas; já a região metropolitana concentra 860.700 pessoas ocupadas; dessas, 199.899 residem no município de Ananindeua, onde o percentual de pessoas desocupadas é de 11,22%, que cresceu em relação à região metropolitana, enquanto o número de pessoas ocupadas representa 47,28% e o número de ocupações não formais corresponde a 52,72%.

Com relação ao Produto Interno Bruto (PIB) do município de Ananindeua, em 2013, os dados da Fundação Amazônia de Amparo a Estudos e Pesquisas do Pará (Fapespa) e do Instituto Brasileiro de Geografia e Estatística (IBGE) revelaram que se posicionava entre os cinco municípios que apresentavam as maiores participações no PIB estadual, correspondendo a 4,5%. Belém participava com 21,3%, Parauapebas com 16,8%, Marabá com 4,3%, e Canaã dos Carajás com 3,1%.

No estado do Pará, o setor de serviços é predominante em 110 municípios, entre os quais Ananindeua, que ocupa a sexta posição no que se refere à colaboração do setor para as ocupações, que representa 80,9% do total e posiciona-se abaixo de: Salinópolis (86,3%); Marituba (86,2%); Breves (84,2%); e Belém (82%) (IBGE, 2010).

Com relação ao comércio, o município de Ananindeua figura como o segundo maior do estado. De acordo com os dados de 2013, fornecidos pelo IBGE e Fapespa, com relação às atividades relacionadas a alojamento, alimentação, educação e saúde mercantis e intermediação financeira, Ananindeua posiciona-se abaixo apenas de Belém, obtendo resultados próximos aos da capital.

Segundo os indicadores do IpeaData[23], o PIB de Ananindeua representava, em 2009, R$ 3.539.806 (três milhões quinhentos e trinta e nove mil e oitocentos e seis reais), advindo, em grande parte, da indústria de transformação e dos serviços prestados à população. O setor das indústrias, que se configurava como o mais relevante, vem declinando ao longo dos últimos anos, em razão da falta de segurança, incentivos fiscais e crise econômica de repercussão mundial.

A Tabela 2 apresenta dados referentes à evolução do PIB de Ananindeua e do estado do Pará, no período compreendido entre os anos 2010 e 2016. Destaca-se o PIB per capita de Ananindeua e a porcentagem de participação do município na constituição do PIB do Pará.

Tabela 2 – Variação do PIB e participação do PIB do estado a preços correntes do município – Ananindeua – 2009 a 2016

Ano	Ananindeua – PIB (A)	PIB Ananindeua per capita	Pará – PIB- mil (B)	Participação do Estado (A/B)
2009	3.539.806	7.420	58.401	6,5
2010	4.100.513	10.876	82.691	4,9
2011	4.631.459	12.842	98.740	4,6
2012	5.114.549	13.708	106.819	4,7
2013	4.900.297	15.176	120.949	4
2014	5.777.643	15.671	133.576	4,3
2015	5.835.428	16.264	134.660	4,3
2016	6.129.645	16.165	139.117	4,3
Δ 2009/2016	73,2	117,9	38,2	
Δ 2012/2016	19,8	17,9	30,2	
Δ 2014/2016	6,1	3,2	4,1	

Fonte: elaborada pela autora baseada em dados do IBGE - Série revisada - PIB per capita em mil reais
*Dados não divulgados

---

[23] Dados econômicos, demográficos e geográficos para estados, municípios (e suas áreas mínimas comparáveis), regiões administrativas e bacias hidrográficas brasileiras. Disponível em: www.ipeadata.gov.br. Acesso em: 10 nov. 2016.

Conforme os dados apresentados na Tabela 2, observa-se que o PIB de Ananindeua apresentou crescimento de 73,2% no período de 2009 a 2016. Entretanto, de 2012 para 2013 houve redução de 5.114.514 para 4.900.297. De 2014 a 2016 volta a aumentar em 6,1%. Observa-se que, mesmo apresentando variação, o município ocupa o 3º PIB do Estado[24], o qual se manteve em constante crescimento no mesmo período.

Tabela 3 – População, área e densidade demográfica dos municípios da Região Metropolitana – Belém/PA – 2022

Região metropolitana (Municípios)	População 2022 (A)	População 2016 – estimativa	Área km²/2022 (B)	População da região metropolitana %	Densidade demográfica (A/B)
Belém	1.303.403	1.446.042	1.059,458	63,54	1.230,25
Ananindeua	478.778	510.834	190,45	19,13	2.512,20
Marituba	111.785	125.435	103,34	5,44	1.083,04
Benevides	63.567	59.836	187,826	3,09	338,44
Santa Bárbara do Pará	21.087	20.077	278,154	1,02	75,81
Santa Isabel do Pará	73.019	67.686	717,662	3,55	101,75
TOTAL	2.051.639	2.229.910	2.536,894	100,00	5341,49

Fonte: IBGE – Dados do Censo 2022

Na estimativa do Censo do IBGE (2022) (Tabela 3), Ananindeua apresenta o segundo maior índice populacional da RMB, concentrando mais de 478 mil habitantes, que representam 19,13% da população da região metropolitana, sendo superada apenas pela capital Belém. Por outro lado, tem a maior densidade demográfica da RMB.

O IBGE (2010) também traz dados estatísticos importantes sobre o índice populacional, a densidade demográfica e o percentual da população de Ananindeua e do estado do Pará, no período de 2009 a 2016 (Tabela 4).

---

[24] De acordo com os dados do IBGE e da Fapespa (2015).

Tabela 4 – População, densidade demográfica e percentual da população estadual – Ananindeua – 2009 a 2016

Ano	População de Ananindeua (A)	População do Pará Projeção (B)	Densidade Demográfica (hab/km²) 179,92 Km	População Estadual (%)
2009	505.512	7.521.656	2,65	6,7
2010	471.980	7.638.340	2,47	6,2
2011	477.999	7.751.993	2,5	6,17
2012*	483.821	7.862.333	2,54	6,15
2013*	493.976	7.969.654	2,59	6,2
2014*	499.776	8.073.924	2,62	6,19
2015*	505.404	8.175.113	2,65	6,18
2016*	510.834	8.272.724	2,68	6,17
Δ 2009/2016	1,1	10,0		
Δ 2012/2016	5,6	5,2		
Δ 2014/2016	2,2	2,5		

Fonte: IBGE (2010)
* População estimada

De acordo com os dados da Tabela 4, no biênio 2009/2010 ocorreu um decréscimo populacional no município de Ananindeua, de 505.512 para 471.980 habitantes, mas foi seguido de um crescimento significativo em sua população entre 2010 e 2016.

Ao comparar os dados da Tabela 4 com os da Tabela 2, contata-se que, entre os anos 2012 e 2013, houve um aumento populacional, embora isso não tenha se refletido em aumento no PIB de Ananindeua durante aquele período.

Outro ponto que merece destaque é o Índice de Desenvolvimento Humano Municipal (IDHM) do Brasil, divulgado pela ONU/Pnud em 2013, o qual revela o crescimento do país em 47,5% nos últimos vinte anos (Tabela 5). Entre as 50 cidades do país com o pior IDHM, 13 (treze) estão no Pará (Brasil, Atlas, 2013).

No estado, apenas Belém, Ananindeua e Parauapebas têm IDH alto, e a cidade de Ananindeua se destaca com o segundo melhor índice no Pará (0,718), sendo classificada com nível alto em três áreas: longevidade (contribui com índice de 0,821), renda (com índice de 0,684) e educação (índice de 0,658), conforme mostra a Tabela 5.

Tabela 5 – IDH do Brasil, Estado do Pará e Município de Ananindeua – 1991-2010

Ano	IDHM Brasil*	IDHM Pará**	IDHM – Ananindeua			
			IDHM Ananindeua	Renda	Longevidade	Educação
1991	0,493	0,413	0,516	0,608	0,683	0,33
2000	0,65	0,518	0,606	0,62	0,787	0,457
2010	0,699	0,646	0,718	0,684	0,821	0,658

Fonte: Pnud / Ipea / Fundação João Pinheiro / Atlas Brasil / 2013
* Média nacional. ** Média estadual.

A partir dos dados apresentados pelo Programa das Nações Unidas para o Desenvolvimento (Pnud), é possível identificar fatos interessantes com relação ao Índice de Desenvolvimento Humano do Município de Ananindeua, mais especificamente com relação à renda per capita no período de 2000 a 2010. Na RMB, depois da capital, o município de Ananindeua é o mais populoso, tendo uma média do IDHM sempre crescente e superior à média estadual, e próxima da média nacional.

2.2 Política educacional do município de Ananindeua/PA

Conforme prevê a CF/1988, a educação pública do município de Ananindeua é organizada por sistema próprio de ensino criado em 1997. A Lei Municipal de n.º 1.271/1997 criou o Conselho Municipal de Educação (CME). Em 2003, o município aprovou o Plano Municipal de Educação (PME), em conformidade com o Plano Nacional de Educação, que contém um conjunto de objetivos, princípios e metas para consolidação de políticas educacionais de estado. A implementação do Sistema Municipal de Ensino ocorreu mediante a aprovação da Lei n.º 2.153/2005, publicada no Diário Oficial do Município[25], cujo objetivo é ampliar e fortalecer as bases para a gestão democrática da educação.

O município conta com outros órgãos de controle social, a saber: 1) Conselho Municipal de Acompanhamento e Controle Social do Fundo de Manutenção e Desenvolvimento da Educação Básica e de Valorização dos Profissionais da Educação (COMFundeb), que tem como finalidade acompa-

---

[25] Disponível em: http://www.ananindeua.pa.gov.br/public/arquivos/legislacao/LEI_No._2.729_DE_18_DE_ JUNHO_DE_2015.pdf. Acesso em: 20 maio 2017.

nhar a repartição, a transferência e a aplicação dos recursos financeiros do Fundeb no Município de Ananindeua; 2) Conselho de Alimentação Escolar (CAE), que tem por objetivo assessorar e fiscalizar o governo municipal na coordenação e no acompanhamento do Programa de Alimentação Escolar.

Em 2013, o município criou, por meio do Decreto n.º 15.475/2013, o Fórum Municipal de Educação (FME), de caráter permanente, com a finalidade de participar da construção da Conferência Municipal de Educação, acompanhar e avaliar a implementação de suas deliberações, com o CME, em vista das articulações necessárias entre os correspondentes fóruns, estadual e nacional; integrar o Fórum Municipal de Educação aos órgãos, instituições educacionais e entidades de interesses afins (PME/2014).

Dessa forma, a política local deveria estar em consonância com a nacional, tornando-se o Plano Nacional de Educação (2014/2024) referência para estados e municípios, aos quais cabe seguir o que preveem as metas contidas no nacional. Esse foi sancionado pela Lei n.º 13.005, de 25 de junho de 2014, com vistas ao cumprimento do disposto no Art. 214 da CF/1988. Entre as vinte metas previstas, a 17 tem como objetivo valorizar os(as) profissionais do magistério das redes públicas de educação básica, em regime de colaboração entre os entes federados (a União, os estados, o Distrito Federal e os municípios).

Destaca-se a meta 17 por ter como objetivo valorizar os servidores do magistério público da educação básica, por meio da equiparação do rendimento médio ao dos demais profissionais com o mesmo grau de escolaridade, até o final do sexto ano de vigência do PNE. Para tanto, o plano apresenta as seguintes estratégias, no sentido de valorizar os servidores do magistério público municipal:

> 17.1) constituir, por iniciativa do Ministério da Educação, até o final do primeiro ano de vigência deste PNE, fórum permanente, com representação da União, dos estados, do Distrito Federal, dos municípios e dos trabalhadores da educação, para acompanhamento da atualização progressiva do valor do piso salarial nacional para os profissionais do magistério público da educação básica;
> 17.2) constituir como tarefa do fórum permanente o acompanhamento da evolução salarial por meio de indicadores da Pesquisa Nacional por Amostra de Domicílios (PNAD), periodicamente divulgados pela Fundação Instituto Brasileiro de Geografia e Estatística (IBGE);
> 17.3) implementar, no âmbito da União, dos estados, do Distrito Federal e dos municípios, planos de carreira para os(as) profissionais do magistério das redes públicas de edu-

> cação básica, observados os critérios estabelecidos na Lei nº 11.738, de 16 de julho de 2008, com implementação gradual do cumprimento da jornada de trabalho em um único estabelecimento escolar;
>
> 17.4) ampliar a assistência financeira específica da União aos entes federados para implementação de políticas de valorização dos(as) profissionais do magistério, em particular o piso salarial nacional profissional (BRASIL, 2014).

Com o intuito de cumprir a meta 17, a meta 18 prevê assegurar, no prazo de dois anos, a criação dos PCCR, tendo como base o PSPN, definido na CF/1988, Art. 206, VIII. Assim, o Plano Municipal de Educação (PME) do município de Ananindeua deveria assegurar o que propõe o PNE.

O PME tem vigência de dez anos, a contar da data de publicação dessa lei, na forma do anexo, com vistas ao cumprimento da Lei n.º 13.005, de 25 de junho de 2014, e da Lei Estadual n.º 7.441, de 2 de julho de 2010. A avaliação do PME é realizada a cada dois anos, por meio da Conferência Municipal de Educação. Vale ressaltar que, nesses fóruns máximos de avaliação, em que pese o aprendizado, pouco se observa com relação a avanços significativos em prol da melhoria da qualidade da educação ofertada na rede municipal de ensino, no que diz respeito ao cumprimento das metas previstas no PME. A cada dois anos ocorrem avaliações contínuas do plano, mas poucas ações têm sido, de fato, materializadas no contexto da política educacional. Destaco algumas metas e estratégias previstas no PME/2015, no que se refere à valorização dos professores:

> **(Meta 5)** [...] **Estratégias:**
>
> ...
>
> 5.5) promover e estimular, na vigência do PME, a formação inicial e continuada de professores alfabetizadores com o conhecimento e utilização de novas tecnologias educacionais e de práticas pedagógicas inovadoras, estimulando a articulação com Instituições de Nível Superior (PME, 2015, p. 85).
>
> **(Meta 15)** [...] **Estratégias:**
>
> ...
>
> (15.2) contribuir para a oferta de vagas e acesso dos profissionais da Educação Básica aos cursos de licenciatura e pós-graduação nas IES públicas, investindo também nas condições de permanência, na vigência do PME;
>
> (15.3) garantir formação continuada e licença estudo a todos os trabalhadores do magistério, assegurando que não haja nenhuma redução salarial, com a garantia de bolsa de estudo ao longo do período de formação;

(15.4) garantir a formação continuada para todos os profissionais da Educação Básica, tendo como foco a Educação Inclusiva, em sua área de atuação;

(15.5) contribuir para o fortalecimento das parcerias entre as instituições públicas e privadas de Educação Básica e os cursos de licenciatura, para que os acadêmicos realizem atividades complementares, atividades de extensão e estágios nas escolas, visando ao aprimoramento da formação dos profissionais que atuarão no magistério da Educação Básica (p. 97-98)

(Meta 16) [...] Estratégia:

...

(16.3) possibilitar formação continuada, presencial e/ou a distância, aos(às) profissionais de educação, oferecendo-lhes cursos de aperfeiçoamento, inclusive nas novas tecnologias da informação e da comunicação, na vigência do PME;

(16.4) fomentar, em articulação com as IES, a ampliação da oferta de cursos de pós-graduação nas diferentes áreas do magistério, voltados para a prática educacional, a partir do período de vigência do PME;

(16.5) promover a formação continuada de docentes em todas as áreas de ensino, idiomas, Libras, braile, artes, música e cultura, no prazo de dois anos da implementação do PME (p. 99)

(Meta 17): valorizar os(as) profissionais do magistério das redes públicas de Educação Básica de forma a equiparar seu rendimento médio ao dos demais profissionais com escolaridade equivalente, até o final do sexto ano de vigência deste PME. **Estratégias:**

17.1) acompanhar os trabalhos do Fórum Permanente dos Trabalhadores da Educação, para acompanhamento da atualização progressiva do valor do piso salarial nacional para os profissionais do magistério público da Educação Básica;

17.2) assegurar a valorização salarial, com ganhos reais, para além das reposições de perdas remuneratórias e inflacionárias, e busca da meta de equiparação da média salarial de outros profissionais de mesmo nível de escolaridade e carga horária, até o final da vigência deste PME;

17.3) criar e implantar uma instância própria para diagnósticos, estudos, pesquisas, debates, acompanhamento, proposições e consultas referentes à valorização dos profissionais da educação, a partir do segundo ano de vigência do PME; e

17.4) garantir a implementação e implementação, em parceria com Órgãos da saúde, de programas de saúde específicos para os profissionais da educação, sobretudo relacionados à

> voz, visão, problemas vasculares, ergonômicos, psicológicos e neurológicos, entre outros, a partir do período de vigência do (Ananindeua/PA/PME-2015 p. 100, grifo nosso).

Entre as metas do PME 2015, observa-se que a meta 15, referente à formação continuada e licença para estudos na pós-graduação, tem sido atendida, uma vez que os professores da rede municipal de Ananindeua são liberados para realizar formações continuadas sem que haja redução salarial em seus vencimentos. Em certa medida, essa política tem despertado o interesse dos servidores do magistério a promover melhoras significativas nas condições de sua prática pedagógica.

2.2.1 Atendimento de matrículas na educação básica no município de Ananindeua/PA

A legislação nacional define que a organização do ensino seja em regime de colaboração entre os sistemas de ensino, como a forma de atuação e a responsabilidade na oferta para cada ente federado. Importa saber o que prevê o texto constitucional:

> Art. 211. A União, os Estados, o Distrito Federal e os Municípios organizarão em regime de colaboração seus sistemas de ensino.
> § 1º A União organizará e financiará o sistema federal de ensino e o dos Territórios, e prestará assistência técnica e financeira aos Estados, ao Distrito Federal e aos Municípios para o desenvolvimento de seus sistemas de ensino e o atendimento prioritário à escolaridade obrigatória.
> § 2º A União organizará o sistema federal de ensino e o dos Territórios, financiará as instituições de ensino públicas federais e exercerá, em matéria educacional, função redistributiva e supletiva, de forma a garantir equalização de oportunidades educacionais e padrão mínimo de qualidade do ensino mediante assistência técnica e financeira aos Estados, ao Distrito Federal e aos Municípios;
> § 3º Os Municípios atuarão prioritariamente no ensino fundamental e pré-escolar.
> § 4º Os Municípios atuarão prioritariamente no ensino fundamental e na educação infantil.
> § 5º Os Estados e o Distrito Federal atuarão prioritariamente no ensino fundamental e médio.
> § 6º Na organização de seus sistemas de ensino, os Estados e os Municípios definirão formas de colaboração, de modo a assegurar a universalização do ensino obrigatório.

§ 7º Na organização de seus sistemas de ensino, a União, os Estados, o Distrito Federal e os Municípios definirão formas de colaboração, de modo a assegurar a universalização do ensino obrigatório.

§ 8º A educação básica pública atenderá prioritariamente ao ensino regular (BRASIL, 1988, s/p).

Corroborando o texto da Constituição Federal, a LDB/1996 prevê o regime de colaboração e esclarece as funções normativas, redistributiva e supletiva da União com relação aos demais entes federados. Veja-se o que estabelecem as Diretrizes e Bases da Educação Nacional:

Art. 8º A União, os Estados, o Distrito Federal e os Municípios organizarão, em regime de colaboração, os respectivos sistemas de ensino.

§ 1º Caberá à União a coordenação da política nacional de educação, articulando os diferentes níveis e sistemas e exercendo função normativa, redistributiva e supletiva em relação às demais instâncias educacionais.

§ 2º Os sistemas de ensino terão liberdade de organização nos termos desta Lei (BRASIL, 1996, s/p).

Na Tabela 6 apresentam-se dados referentes às matrículas ofertadas na educação básica, considerando as dependências administrativas públicas.

Tabela 6 – Matrículas na educação básica da rede pública segundo a dependência administrativa – Ananindeua – 2009-2016

Ano	Total (A)	Est (B)	B/A %	Mun. (C)	C/A %	Fed.(D)	D/A %
2009	114.539	77.939	68	36.600	31,9	111	0,1
2010	110.970	74.729	67,3	36.241	32,6	-	-
2011	108.773	70.547	64,8	38.226	35,1	-	-
2012	104.909	65.398	62,3	39.511	37,6	-	-
2013	102.097	62.731	61,4	39.366	38,5	-	-
2014	100.563	59.619	59,2	40.944	40,7	-	-
2015	96.923	56.635	58,4	40.122	41,4	166	0,2
2016	103.111	59.037	57,3	43.921	43	153	0,15
Δ 2009/2016	-10,0	-24,3		20		37,8	
Δ 2012/2016	-1,7	-9,7		11,2		–	
Δ 2014/2016	2,5	-1,0		7,3		–	

Fonte: Inep. Censo (2017)

Os espaços identificados com traço referem-se à ausência de dados de matrícula.

Analisando os dados da Tabela 6, observa-se que houve diminuição no total de matrículas na educação básica em instituições públicas de Ananindeua (em torno de 10,0%), as quais, em 2009, eram 114.539, passando para 103.111, em 2016. As matrículas na rede estadual de ensino não são exclusivamente no ensino médio e, ainda assim, houve redução de 24,3% no decorrer da série histórica (2009-2016).

Em 2016, a rede municipal de educação pública de Ananindeua tinha 79 escolas, sendo duas localizadas em territórios rurais[26] e 27 unidades de ensino anexo. A rede atende a um total de 39.918 (trinta e nove mil e novecentos e dezoito) alunos matriculados, nas seguintes etapas de ensino: educação infantil (creche/pré-escola) e ensino fundamental, conforme dados obtidos por meio do Censo Escolar/Inep, referentes ao ano 2016.

Vale informar que o Art. 11, V, da Lei de Diretrizes e Bases da Educação Nacional (Lei n.º 9.394/96), ressalta, segundo Carneiro (2013, p. 145), que, de alguma forma, o

> Art.11 - "resgata a preocupação ao definir áreas de competências da educação para os Municípios. A Constituição, aliás, criou a condicionalidade legal para tanto, ao determinar" que "a União, os Estados, o Distrito Federal e os Municípios organizarão em regime de colaboração seus sistemas de ensino" (Art. 211 CF/1988, s/p).

Portanto, o inciso ora mencionado reitera o dever que os municípios têm de ofertar educação infantil, em creches e pré-escolas, e, com prioridade, ensino fundamental. Dessa forma, o atendimento a níveis ulteriores ao ensino fundamental só poderá ser ofertado quando o município tiver atendido plenamente às demandas com as etapas de ensino de sua competência.

A Tabela 7 apresenta as matrículas por modalidade. Verifica-se que a pré-escola e o ensino fundamental do 1º ao 9º ano apresentam uma regularidade no número de matrículas, entre 2009 e 2016, diferentemente da creche e da EJA, que apresentam uma variação com maior impacto na EJA. Isso porque as matrículas nessa modalidade acompanham a relação desigual no total geral de matrículas de Ananindeua em 2009 e 2010, quando decrescem e oscilam nos demais anos – de 2009 a 2010 decresce; de 2010 a 2012 aumenta; de 2012 a 2013 volta a reduzir; de 2013 a 2014 volta a aumentar; e de 2014 a 2016 apresenta decrescimento considerável.

---

[26] Ver os dados no site: www.qedc.org.br/2017. Acesso em: 15 set. 2017.

No entanto, é importante destacar que, de 2010 a 2016, a população de Ananindeua aumentou em 7,6%. A arrecadação com o Fundeb manteve uma característica praticamente constante de crescimento, o que deveria implicar aumento regular de matrículas na rede[27].

Tabela 7 – Matrículas da rede municipal de ensino – Ananindeua – 2009-2016

| Ano | Modalidades | | | | | | | | | | Total Geral das Matrículas |
| | Ed. Infantil | | | | ensino fundamental | | | | Eja | % | |
	Creche	%	Pré-escola	%	1° ao 5°	%	6° ao 9°	%			
2009	1.008	100	7.711	100	16.251	100	6.893	100	4.737	100	36.600
2010	1.120	11,1	5.340	-30,7	17.813	9,6	7.467	8,3	4.501	-5,0	36.241
2011	1.161	3,7	5.751	7,7	18.071	1,4	8.550	14,5	4.693	4,3	38.226
2012	1.681	44,8	5.494	-4,5	17.848	-1,2	9.555	11,8	4.933	5,1	39.511
2013	1.754	4,3	5.416	-1,4	17.937	0,5	9.469	-0,9	4.790	-2,9	39.366
2014	2.158	23,0	5.491	1,4	18.952	5,7	9.366	-1,1	4.977	3,9	40.944
2015	2.374	10,0	5.141	-6,4	18.942	-0,1	8.861	-5,4	4.807	-3,4	40.125
2016	2.532	6,7	5.315	3,4	19.088	0,8	8.780	-0,9	4.203	-12,6	39.918
Δ 2009-2016		151,2		-31,1		17,5		27,4		-11,3	

Fonte. Censo Escolar-Inep

A Tabela 7 mostra que, de 2009 a 2016, ocorreu crescimento na ordem de 151,2% no número de matrículas na creche, mas houve redução de 31,1% nas matrículas da pré-escola nesse mesmo período, em maior percentual no ano 2010. No ensino fundamental, de 2009 a 2016, as matrículas aumentaram em 44,9%. Esses dados reafirmam a necessidade de ampliação de vagas para a educação infantil no município de Ananindeua, pois o PNE/2014, Lei nº 13.005, 25 de junho de 2014, estabelece que:

> Meta 1 - Universalizar, até 2016, a educação infantil na pré-escola para as crianças de 4 (quatro) a 5 (cinco) anos de idade e ampliar a oferta de 50% (cinquenta por cento) das crianças de 3 (três) anos até o final da vigência deste PNE (BRASIL, 2014, s/p).

As matrículas na educação de jovens e adultos foram reduzidas em 11,3%, entre os anos 2009 e 2016, e em 2016 a redução foi de 12,3% – maior que o acumulado nos anos anteriores.

Quanto ao atendimento realizado na educação especial, observa-se que, apesar de ter ampliado o número de matrículas, ainda não conseguiu cumprir a meta 4 do PNE, pois esse estabelece:

---

[27] Ver Tabela 11.

> Universalizar, para a população de quatro a dezessete anos com deficiência, transtornos globais do desenvolvimento e altas habilidades ou superdotação, o acesso à educação básica e ao atendimento educacional especializado, preferencialmente na rede regular de ensino, com a garantia de sistema educacional inclusivo, de salas de recursos multifuncionais, classes, escolas ou serviços especializados, públicos ou conveniados (BRASIL, 2014, s/p).

Para cumprir a meta 4, é necessário adequar as escolas com estrutura física, metodologias, equipamentos e profissionais capacitados para atender às demandas da população, assim como de suas diferentes necessidades. Para tanto, duas estratégias são necessárias:

> 4.2. promover, no prazo de vigência deste PNE, a universalização do atendimento escolar à demanda manifesta pelas famílias de crianças de zero a três anos com deficiência, transtornos globais do desenvolvimento e altas habilidades ou superdotação, observado o que dispõe a Lei nº 9.394, de 20 de dezembro de 1996, que estabelece as diretrizes e bases da educação nacional; 4.3. implantar, ao longo deste PNE, salas de recursos multifuncionais e fomentar a formação continuada de professores e professoras para o atendimento educacional especializado nas escolas urbanas, do campo, indígenas e de comunidades quilombolas (BRASIL, 2014, s/p).

A Tabela 8 apresenta as matrículas na Educação Básica nas diferentes modalidades de ensino referentes à educação especial. Os dados apresentados são de alunos de escolas especiais, classes especiais e incluídos.

Tabela 8 – Demonstrativo do atendimento da educação especial – Ananindeua – 2009-2016

Etapas de ensino	2009	2010	2011	2012	2013	2014	2015	2016
Creche	1	2	5	12	8	26	12	11
Pré-escola	39	44	48	66	77	64	49	72
Anos iniciais	304	420	581	739	833	709	704	510
Anos finais	73	97	134	215	294	210	249	152
Médio	27	29	35	43	55	29	49	-
Ed prof. nível técnico	0	0	0	0	1	1	-	-
EJA fundamental	61	79	115	154	156	141	111	96
EJA médio	-	2	7	12	11	5	5	-
Total	505	673	925	575	1435	1185	1179	841

Fonte: Inep/Resultados do censo escolar, 2009-2016

Observa-se que o atendimento a esse segmento ainda é tímido, o que revela a necessidade de ampliação, para que a meta 4 estabelecida no PNE seja cumprida.

A seguir será apresentado o rendimento escolar dos alunos matriculados na rede municipal de ensino público de Ananindeua.

Tabela 9 – Resultado do rendimento anual da rede municipal de ensino – Ananindeua – 2009-2016

Ano	Ens. Fundamental anos iniciais (1° ao 5° ano)			Ens.i. Fundamental anos finais (6° ao 9° ano)			Total Fundamental (1° ao 9°)			Eja (1° a 4° Etapa)		
	Taxa de Aprovação	Taxa de Reprovação	Taxa de Abandono	Taxa de Aprovação	Taxa de Reprovação	Taxa de Abandono	Taxa de Aprovação	Taxa de Reprovação	Taxa de Abandono	Taxa de Aprovação	Taxa de Reprovação	Taxa de Abandono
2009	84,4	11,7	3,5	87,8	9,7	2,5	85,7	11,1	2,5	48,6	16,1	36,3
2010	91,9	5,7	2,4	89,4	9	1,6	91,1	6,7	1,6	51,7	14,1	34,2
2011	90,6	7	2,4	91,4	6,4	2,2	90,8	6,8	2,2	57,4	14,8	27,8
2012	90,1	8	1,9	87,2	11,3	1,5	89,1	9,1	1,5	56,2	13,2	30,6
2013	89,7	8,3	2	89	9,5	1,5	89,4	8,7	1,5	49,7	12,3	38
2014	89,3	8,6	2,1	87,6	11	1,4	88,7	9,4	1,4	52	15,2	32,8
2015	90,8	7,6	1,6	92,8	5,8	1,4	91,4	7	1,4	52,5	18,5	29
2016	93,8	4,8	1,4	93,6	5,4	1	93,7	5	1	54,8	14,9	30,3

Fonte: Censo Escolar – Inep

No ensino fundamental – anos iniciais, a taxa de aprovação tem um crescimento tímido, se comparado ao período de 2009 a 2016. Observou-se uma melhora significativa nos números, sobretudo no biênio 2015/2016.

Com relação ao ensino fundamental – anos finais, identificam-se números positivos no período correspondente a 2015/2016, seguindo oscilações dos anos anteriores. No ensino fundamental total, percebe-se o aumento na taxa de aprovação entre os anos 2014 e 2016. E no âmbito da educação de jovens e adultos (EJA), a taxa de aprovação dos alunos apresenta um declínio entre os anos 2012 e 2013.

A taxa de reprovação no ensino fundamental – anos iniciais apresenta números preocupantes, especialmente no período de 2011 a 2014. Nos anos finais do ensino fundamental, o número de reprovação entre os alunos diminui no período de 2009 a 2011, mas volta a oscilar nos anos seguintes. Da mesma forma, no ensino fundamental total, a taxa de reprovação diminui entre 2009 e 2011, mas volta a aumentar nos anos seguintes. A EJA tem números que oscilam em todo o período de 2009 a 2015, atingindo números preocupantes em 2015, com 18,5% de reprovação.

De acordo com dados do Inep, o Índice de Desenvolvimento Básico da Educação (Ideb) de Ananindeua revela que, a partir de 2011, o município conseguiu cumprir as metas estabelecidas no período de 2009, 2011, 2013 e 2015, nos anos iniciais do ensino fundamental (4º e 5º ano). Quanto ao estado do Pará, nos anos 2009, 2011, 2013 e 2015, esse atingiu as metas projetadas, assim como o Brasil (Gráfico 1).

Gráfico 1 – Desempenho no Ideb[28] – Ensino fundamental I

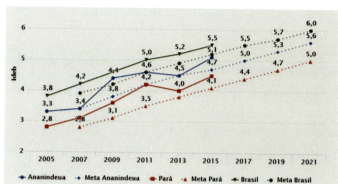

Fonte: Inep | Organizado por Datapedia.info (2016)

Com relação aos anos finais do ensino fundamental, o município consegue alcançar as metas projetadas somente entre 2007 e 2011, momento em que os números do Ideb observado são superiores aos números das metas projetadas, com exceção do ano 2005 e dos dois últimos anos, 2013 e 2015 (Gráfico 2).

Gráfico 2 – Desempenho no Ideb – Ensino fundamental II – Ananindeua – 2005-2021

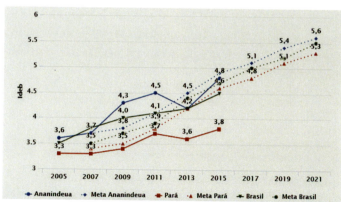

Fonte: Inep | Organizado por Datapedia.info (2016)

---

[28] O Ideb mensura a qualidade da educação brasileira. O índice varia de 0 a 10 e, em seu cálculo, são combinados dois fatores: desempenho dos estudantes na Prova Brasil, aplicada a cada dois anos, e a taxa de aprovação.

Embora os dados do Ideb apresentem crescimento, relatos registrados nos informativos do Sintepp-subsede Ananindeua e da imprensa local revelam que a situação das escolas, na sua maioria, é precária; apresentam problemas como a falta de ventilação, areação, iluminação, infiltrações, segurança, bibliotecas, mobiliário adequado, merenda de qualidade, além de outros aspectos que podem contribuir para melhorar o desempenho escolar dos alunos.

Em contrapartida, para tentar estimular o melhor desempenho no Ideb, visto que as questões elencadas não são favoráveis para se obter bons resultados, em janeiro de 2011, na gestão do então prefeito Helder Barbalho, foi criado o Projeto Aluno Nota 10. Esse projeto visava incentivar, por meio de gratificação, os servidores lotados em escola municipal que tenha alcançado o melhor desempenho nas avaliações da Provinha Brasil. A Lei Complementar n.º 2.478, de 5 de janeiro de 2011, instituiu o pagamento do 14º salário aos servidores lotados em escola da rede municipal de ensino que tenham obtido, no ano de aplicação da Prova Brasil, o maior resultado no Ideb[29]. Ações iguais a essa são típicas da meritocracia[30], competitividade entre os pares, com a intenção de responsabilidade de revelar talentos e justificar suas classificações. A ausência da gestão municipal torna-se visível por meio de ações como essa, que se considera emergenciais, o que pode mascarar o desempenho do educando.

Desse modo, mesmo que a formação dos professores apresente deficiências, a pressão para atuarem com competência e bom desempenho tem se ampliado, principalmente visando garantir aos alunos sucesso nos exames nacionais. Nesse contexto, se faz indispensável definir uma política de educação que favoreça essas exigências com relação à profissão, como explica Scheibe (2010, p. 985),

---

[29] Diante do desafio de melhoria na qualidade da educação no Brasil, a partir dos anos 1990, surgiram avaliações externas que buscam diagnosticar, de forma mais precisa, a deficiência, assim como medir o desenvolvimento de políticas de responsabilização educacional que tornam as escolas e seus funcionários responsáveis pelos resultados dos seus estudantes. Entre essas políticas de responsabilização, no Brasil, especialmente no estado de São Paulo, têm sido utilizados programas de bonificação a docentes e funcionários das escolas. De modo geral, esse mecanismo avalia os alunos e as escolas por meio de exames de proficiência padronizados e fornecem recompensas salariais às escolas que alcançarem metas predeterminadas de desempenho. Tais políticas expressam uma regulação direta sobre o trabalho docente, vinculando diretamente o resultado da avaliação à sua remuneração, o que, indiretamente, responsabiliza os docentes pelo desempenho dos alunos (OLIVEIRA, 2001, p. 30).

[30] A palavra meritocracia, por sua vez, é definida no nível ideológico, "como um conjunto de valores que postula que as posições dos indivíduos na sociedade devem ser consequências do mérito de cada um. Ou seja, do reconhecimento público da qualidade das realizações individuais" (BARBOSA 2003, p. 22).

> Observa-se, hoje, grande pressão para que os professores apresentem melhor desempenho, principalmente no sentido de os estudantes obterem melhores resultados nos exames nacionais e internacionais. As críticas ressaltam, sobretudo, os professores como mal formados e pouco imbuídos de sua responsabilidade pelo desempenho dos estudantes. A partir daí, os diversos níveis governamentais vêm criando mecanismos que visam ampliar o controle do exercício profissional, mediante exames de certificação de competência, associados à implementação de incentivos financeiros. Tais medidas, no entanto, se não totalmente dispensáveis, precisam ser relativizadas frente aos salários nada compensadores, carreiras que não oferecem clareza de percurso, imaginário coletivo desmotivado em relação à profissão, alto índice de abandono da docência e a progressiva queda na procura pelos cursos de licenciatura. Revela-se um cenário que exige assumir prioridades para tornar a ocupação não apenas mais atrativa e valorizada, mas também mais competente para o desenvolvimento de uma educação com qualidade para todos.

As explicações registradas revelam a necessidade de uma política educacional que valorize o professor em sua formação e viabilize rumos efetivos para uma carreira de sucesso, mediante a qual o profissional tenha estímulo para se aperfeiçoar e para cumprir suas funções com competência.

A Tabela 10 apresenta o perfil dos trabalhadores do magistério público em Ananindeua/PA. A rede de ensino tem, segundo dados obtidos por meio do Portal da Transparência (out. 2016), 1.642 docentes lotados nas unidades de ensino (os lotados em outros espaços da Administração Pública Municipal não foram contabilizados). Desses, 908 são efetivos e 734 são contratos temporários.

A Tabela 10 apresenta o cenário dos servidores do magistério público do município de Ananindeua. Para o magistério (ensino médio normal), que é cargo em extinção, há registro de 30 professores lotados, com tempo de serviço entre 20 e 25 anos. Com relação à formação, a rede de ensino tem 429 graduados nível II, 423 especialistas nível III, 25 mestres e 1 doutor. Quanto ao tempo de serviço, os que apresentam até cinco anos são 655 servidores, que, em sua maioria, são temporários. A jornada de trabalho está entre 30 e 40h, e mais da maioria apresenta lotação acima de 30h semanais.

Tabela 10 – Formação, nível, vínculo e tempo de serviço dos servidores do magistério da rede municipal – Ananindeua

Formação	Nível	Tipo de vínculo		Tempo de Serviço (anos)		Jornada Semanal	
		Estatutário	Temporario.				
Professor	-	-	734	<5	655	≥30h	787
Magistério	I	30	-	≥5 <10	402	≥30h ≤40	855
Graduação	II	429	-	≥10 <15	270		
Especialista	III	423	-	≥15 <20	57		
Mestrado	IV	25	-	≥20 < 25	151		
Doutorado	V	1	-	≥ 25	107		
Total		908	734		1642		

Fonte: Portal da Transparência de Ananindeua (2016)
Nota 1. A nomenclatura formação professor é usada para identificar o servidor com vínculo temporário, que não tem direito à carreira prevista no PCCR do município.

Vale ressaltar que, de acordo com uma pesquisa realizada pelo Ipea[31], divulgada em matéria veiculada pelo sítio IG São Paulo, para cada 4 efetivos, 1 é temporário.

> Um quarto dos docentes que dão aulas em escolas de educação básica mantém contratos temporários com o poder público ou são terceirizados. São mais de 450 mil professores, de um total de 1,8 milhão de profissionais que lecionam em unidades públicas. Quando analisado apenas o ensino médio das redes estaduais brasileiras, os temporários representam 30% do total de professores. Em algumas disciplinas, como Química e Física, eles preenchem 40% das funções docentes.

Os dados obtidos pela pesquisa, realizada pelo Ipea em maio de 2014, revelam que a precarização dos contratos de trabalho na rede pública é considerada o "problema mais proeminente do sistema educacional brasileiro". Esses não têm segurança jurídica e são submetidos a péssimas condições de trabalho.

Os docentes que têm contratos temporários não têm qualquer garantia de permanência ao emprego e podem ser destratados de acordo com o interesse das instituições de ensino. Segundo a legislação, são dispensados a qualquer tempo.

---

[31] Disponível em: https://www.ipea.gov.br/portal/ Acesso em: 15 maio 2014.

> A primeira das exceções é a prevista na parte final do inciso II do art. 37, quando a Constituição faz ressalva à possibilidade de nomeação para cargos em comissão declarada em lei de livre nomeação e exoneração. Trata-se de cargos públicos cuja nomeação sem prévia avaliação se justifica porquanto tais cargos devem ser providos por pessoas da confiança da autoridade a que são imediatamente subordinados (BRASIL, 1988, s/p).

O número de servidores do magistério público com contrato temporário, conforme demonstrado na Tabela 10, representa cerca de 45% da rede de ensino de Ananindeua, comprometendo o Art. 37 da CF/1988:

> A Constituição Federal, na parte inicial do inciso II do art. 37, estabeleceu a regra de que a investidura no serviço público depende de aprovação prévia em concurso público de prova ou de provas e títulos, de acordo com a natureza e complexidade do cargo ou emprego, na forma prevista em lei (BRASIL, 1988, s/p).

O não cumprimento desse artigo prejudica a qualidade do serviço público, que deve ser prestado por pessoas qualificadas para a investidura no cargo. O concurso público tem como critério verificar a capacidade e qualificação para o desempenho da função, além de se configurar como a forma mais democrática de ingresso no serviço público.

2.2.2 Receita do município de Ananindeua para a educação pública

Nesta seção, apresento os dados do orçamento destinado à educação. A Tabela 11 mostra as receitas do município de Ananindeua no período de 2009 a 2016.

Tabela 11 – Receita total da função educação – Ananindeua – 2009-2016

Ano	Receita total Educação (A)	25% Imp. (B)*	B/A%	FNDE (C)**	C/A%	Comp. do fundo (D)	D/A%
2009	98.762.495	57.417.609	58,1	14.934.671	15,1	26.410.213	26,7
2010	101.349.448	62.559.490	61,7	13.444.909	13,3	25.345.048	25
2011	120.173.479	67.754.394	56,4	9.925.729	8,3	42.493.355	35,4

Ano	Receita total Educação (A)	25% Imp. (B)*	B/A%	FNDE (C)**	C/A%	Comp. do fundo (D)	D/A%
2012	133.246.543	71.313.950	53,5	13.297.231	10	48.635.360	36,5
2013	124.296.175	70.011.128	56,3	9.612.168	7,7	44.672.879	35,9
2014	138.306.556	73.970.170	53,5	12.992.828	9,4	51.343.557	37,1
2015	143.640.135	78.186.7911	54,4	12.835.723	8,9	52.617.620	36,6
2016	147.881.455	73.302.596	48,9	15.240.441	10,3	60.338.418	40,8
2009/2016	49,7	28		2		128,5	
2012/2016	11,0	3		14,6		24,1	
2014/2016	6,9	-1		17,3		17,5	

Fonte. FNDE-Siope, dados atualizados pelo índice de preço ao consumidor- NPC/IBGE. Ano-base: dezembro de 2016.

Com relação à receita total da educação, observa-se que, em 2009, era de mais de 98 milhões e, em 2016, passou para mais de 147 milhões. Isso representa um aumento da ordem de 49,7% na receita total destinada à educação. Importa esclarecer que, em 2016, a complementação do fundo cresceu em 128,5%. Porém, com relação ao Fundo Nacional de Desenvolvimento da Educação (FNDE) e a receita total da educação, houve redução de 15,1% para 10,3%, no período de 2009 a 2016.

A Tabela 11 ainda nos permite ratificar que esses recursos adicionais são importantes para a complementação da receita nos gastos com a educação no município de Ananindeua.

Com relação às receitas com a função educação e Fundeb, percebe-se que as duas apresentam um comportamento de crescimento entre os anos 2009 e 2012 e de 2013 a 2015. De 2012 a 2013, ambas apresentam um decrescimento, sendo esse maior para a receita com a função educação.

Apesar de as duas apresentarem crescimento e decréscimos nos mesmos intervalos, percebe-se que as receitas com a função educação apresentam crescimento mais significativo nos mesmos intervalos.

Tabela 12 – Movimentação de receitas do Fundeb – Ananindeua – 2009-2016

Ano	Total de Receita do FUNDO (A)*	Receita destinada ao FUNDO (B)**	B/A %	Receita Recebidas do FUNDO (C)***	C/A %
2009	64.644.231	32.639.822	50,5	32.004.408	49,5
2010	70.868.123	34.757.707	49	36.110.416	51
2011	96.652.932	39.750.615	41,1	56.902.317	58,9
2012	106.216.529	40.262.345	37,9	65.954.184	62,1
2013	103.893.644	39.054.885	37,6	64.838.759	62,4
2014	112.856.480	40.277.663	35,7	72.578.817	64,3
2015	123.633.098	41.835.979	33,8	81.797.119	66,2
2016	126.820.326	43.694.113	34,5	83.126.212	65,5
Δ 2009/2016	96,2	43,1		159,7	
Δ 2012/2016	19,4	8,5		26	
Δ 2014/2016	12,4	8,4		10	

Fonte: FNDE/ SIOPE. Dados atualizados pelo índice de preço ao consumidor-INPC/ IBGE. Ano-base: dezembro de 2016
Nota 1. Os dados da receita recebidos do fundo. Transferência do fundo + complementação ao fundo.

A Tabela 12 mostra que a movimentação da receita, em 2009, era mais de 64 milhões e, em 2016, passou para mais de 126 milhões de reais, revelando crescimento de 96,2%, considerado significativo. Desses 126 milhões, 43 milhões são decorrentes de receita própria de impostos, e os 83 milhões restantes são oriundos de receitas recebidas do fundo, como complementação. Ananindeua contribuiu, em 2009, com 50,5% e, em 2016, reduziu para 34,5%, ou seja, vem ocorrendo aumento da complementação ano a ano, enquanto o repasse ao fundo, no decorrer da série histórica, vem decrescendo.

2.3 Histórico de luta pela organização da carreira e remuneração dos servidores da educação pública do município de Ananindeua/ PA (1986-2009)

Antes de tratar especificamente do Plano de Cargos Carreira e Remuneração, Lei n.º 2.355, de 16 de janeiro de 2009, convém historiar, na perspectiva de situar a origem dos planos que versaram sobre a carreira e remuneração dos servidores do magistério da rede municipal de ensino do município de Ananindeua.

A construção e/ou criação de estatutos do magistério público, PCCR, entre outros documentos normativos, ao que a história nos revela, surge em meio às movimentações e mobilizações dos sujeitos envolvidos com a causa da educação nos estados e, consequentemente, nos municípios.

Segundo Pinheiro (2015, p. 132),

> Os professores ao longo do século XX passaram a ser importantes agentes no processo de enfrentamento ao Estado, sobretudo através das inúmeras greves que vão travar. A medida que há uma massificação da educação e o conhecimento passa a ser um bem valorizado pela sociedade, principalmente a partir de meados deste século, esses professores carregam consigo uma dupla carga contraditória: um aumento social por sua demanda e ao mesmo tempo uma precariedade nas suas condições de vida e de trabalho, que no Brasil se acentuou, sobretudo, nas décadas de 1960, 1970, 1980 e 1990.

Diante do contexto marcado por intensas reivindicações da categoria de professores e entidade sindical representativa, o governo municipal de Ananindeua/PA resolveu criar o primeiro documento legal que regulamentou a carreira e remuneração dos servidores do magistério público, o Estatuto do Magistério Público de Ananindeua/PA (Empa), Lei n.º 851, de 24 de dezembro de 1986.

Nesse estatuto, foram criadas as gratificações conforme o cargo e nível de escolaridade, que variavam entre 20 e 60%. Observa-se que, a cada cinco anos, havia acréscimo de 5% sobre o vencimento-base, que caracterizava promoção horizontal[32]. Quanto às vantagens financeiras dos servidores do magistério, o Estatuto previa as seguintes gratificações:

> Capítulo V, Art. 18º I - Gratificação de nível superior dos portadores de licenciatura plena de 60% sobre o vencimento base. II - Gratificação em nível de licenciatura curta na ordem de 50% sobre o vencimento base. III - Gratificação dos portadores de diploma em nível de 2º grau na ordem de 20% sobre o vencimento base. IV – Gratificação de incentivo do professor leigo da Zona Rural na ordem de 20% sobre o vencimento base, quando do deslocamento do mesmo para a sede do município a fim de receber treinamento.
> Art. 19º - As gratificações não poderão exceder 60% do vencimento base.
> Art. 20º - A cada cinco anos o funcionário do magistério receberá uma complementação de cinco por cento (5%) sobre o vencimento base (ANANINDEUA, 1986, p. 3).

---

[32] Conforme Dutra Jr. *et al.* (2000, p. 23), denomina-se progressão horizontal a movimentação na carreira decorrente de outros fatores, como tempo de serviço, merecimento ou desempenho.

Os vencimentos eram três vezes maiores que o salário-mínimo vigente à época e, acrescida a esse, a gratificação de escolaridade de 70%, e não 60%, conforme previa o estatuto, em seu art. 19. O enquadramento salarial ocorreu somente no último ano de gestão do governo de Rufino Franco de Leão Filho, em 1996.

Além disso, a passagem dos funcionários do magistério de posição que lhes assegurassem maior vencimento básico dava-se da seguinte forma:

> Capítulo VI Art. 21, Parágrafo: O acesso dar-se-á por: I- Progressão quando realizado dentro da mesma categoria funcional. II- Ascensão quando efetuado de uma categoria funcional a outra categoria funcional. Art. 22- Tanto para a progressão como para a ascensão serão obedecidos os seguintes critérios de: I- Antiguidade e merecimento. II- Automaticidade na carreira. Parágrafo único: A progressão automática se fará exclusivamente pelo critério de antiguidade ou na conclusão de estudos (ANANINDEUA, 1986, p. 4).

De acordo com o Estatuto do Magistério Público de Ananindeua/PA, Lei n.º 851/1986, a progressão e a ascensão poderiam ocorrer na mesma categoria ou em outra categoria funcional e obedeciam aos mesmos critérios: antiguidade e merecimento.

Conforme evidenciado no estatuto, os critérios antiguidade e merecimento apresentados eram vagos, pois não deixavam claros os itens que seriam observados para garantir a progressão. Entretanto, esse já previa férias de 45 dias, sendo 30 dias gozados no mês de julho, e os 15 dias restantes gozados no recesso escolar.

Após uma década de vigência do estatuto (Lei n.º 851), o governo municipal criou o Plano de Cargos e Salários (PCS), Lei n.º 1.248, de dezembro de 1995, que começou a viger em 1º de janeiro de 1996, ocasionando a retirada de direitos ora conquistados e, consequentemente, a perda significativa para os profissionais do magistério de Ananindeua.

Essa lei revoga[33] as disposições em contrário, em especial a Lei de n.º 851, de 24 de dezembro de 1986, que garantia as gratificações por nível de escolaridade, e a Lei n.º 1.012, de 8 de julho de 1991, que tratava do Plano de Carreira e o Sistema de Classificação de Cargos, Funções e Salários do Quadro de Pessoal da Prefeitura Municipal de Ananindeua e dava outras providências.

---

[33] **Revogar** é tornar sem efeito uma norma, retirando sua obrigatoriedade. Significa tornar sem efeito e só pode ser feita por **lei** de igual hierarquia. A **revogação** total denomina-se ab-rogação, e a **revogação** parcial da **lei** denomina-se derrogação. Disponível em: https://www.portaleducacao.com.br/direito/ artigos/20068/ revogacao-e-derrogacao. Acesso em: 12 ago. 2017.

O PCS previa o ingresso no serviço público mediante aprovação em concurso público de provas ou de provas e títulos, por ter sido aprovado após promulgação da CF de 1988, que proibiu o ingresso no serviço público sem a realização de concurso público.

O Art. 10 do PCS tratava da organização do Grupo Magistério por nível de escolaridade e previa o seguinte:

> Art. 10 – Parágrafo 1º - O grupo Magistério é composto de 3 subgrupos: subgrupo I - 2º grau completo Magistério, subgrupo II – 3º grau Licenciatura Plena, subgrupo III - 3º grau completo Pedagogia. Parágrafo 2º Considera-se funções do magistério as atribuições do professor e do especialista em educação que ministram, planejam, orientam, supervisionam, dirigem, inspecionam ou avaliam o ensino e a pesquisa das unidades escolares ou nos níveis departamentais da Secretaria Municipal de Educação. Parágrafo 3º Os cargos constantes do grupo magistério estão definidos nos anexos 08 a 10 e de 66 a 70 (ANANINDEUA, 1995, p. 2).

Dessa forma, os trabalhadores da educação do magistério público do município de Ananindeua passaram a ser regidos pelas normas do PCS e foram divididos em três subgrupos, de acordo com o nível de escolaridade.

Ainda na gestão do prefeito Rufino Franco de Leão Filho, entre 1992 e 1996, as mobilizações se intensificaram junto à categoria e ocorreram várias manifestações em prol de melhores condições de trabalho e salários, pois os professores recebiam apenas o salário-mínimo — isso porque houve uma greve, em 1988, na gestão do prefeito Fernando de Souza Corrêa, na qual foi conquistado esse patamar mínimo de remuneração.

Em 1997, a Prefeitura de Ananindeua retirou essa Gratificação de Nível Superior (GNS), mediante o Decreto n.º 1.310, de 16 de dezembro de 1997. A assessoria jurídica do Sintepp ingressou com um mandado de Segurança (n.º 3.052/1998), proposto pelos professores, processado na 4ª Vara Cível. Nele, o juiz de 1º grau proferiu decisão de mérito pela concessão da segurança, ordenando que o prefeito Manoel Carlos Antunes (Pioneiro) se abstivesse de descontar dos vencimentos dos impetrantes a GNS paga sob a rubrica Diferença de Enquadramento. Essa decisão foi confirmada por meio do Acórdão n.º 39.653 na íntegra.

Em 2005, os trabalhadores da Educação são separados do PCCR geral (Lei n.º 2.176/2005) da prefeitura para um PCCR específico (Lei n.º 2.355/2009), o qual é objeto de estudo desta pesquisa.

2.4 Plano de cargos, carreira e remuneração dos servidores da educação pública do município de Ananindeua/PA, Lei n.º 2.355/2009

2.4.1 Ações, tensões e movimentos em torno do PCCR/2009

Pode-se iniciar a contextualização das lutas, conquistas, frustrações, retrocessos, estagnação — ou seja, da política e da disputa por melhores condições de vida e trabalho dos profissionais do magistério da rede pública —, de interesse para compreender o processo relacionado ao PCCR/2009, nos anos 1990, que marcam o surgimento de normatizações legais da carreira docente, a partir da promulgação da CF/1988. Nesse período, o controle social aumenta e a população começa a ganhar espaço de participação nos debates sobre o papel do Estado e as competências dos entes federados, junto aos movimentos sociais para garantia de direitos que apontassem melhorias para a classe trabalhadora. Desse modo, o amparo legal para a criação dos Planos de Cargos, Carreira e Remuneração do magistério público nos estados, municípios e Distrito Federal (PCCR) no Brasil ganha força com a promulgação da CF/1988, conforme versa o Art. 206, incisos V, VIII e Parágrafo Único:

> [...] V - valorização dos profissionais da educação escolar, garantidos, na forma da lei, planos de carreira, com ingresso exclusivamente por concurso público de provas e títulos, aos das redes públicas; VIII - piso salarial profissional nacional para os profissionais da educação escolar pública, nos termos de lei federal. Parágrafo único. A lei disporá sobre as categorias de trabalhadores considerados profissionais da educação básica e sobre a fixação de prazo para a elaboração ou adequação de seus planos de carreira, no âmbito da União, dos Estados, do Distrito Federal e dos Municípios (BRASIL, 1988, s/p).

A persistência para adequar ou criar os Planos de Cargos, Carreira e Remuneração do magistério público nos estados, nos municípios e no Distrito Federal tem sido alvo de discussões e debates por parte dos trabalhadores da educação, com vistas a se adequar às leis vigentes no país e estabelecer diretrizes para a gestão municipal, com relação a questões sociais, econômicas, políticas e educacionais. Para tanto, em 5 de abril de 1990 foi aprovada a Lei n.º 942, conhecida como Lei Orgânica do Município de Ananindeua, tendo como referências e bases as prerrogativas previstas na CF/1988 e na Constituição do estado do Pará de 1989.

Em sua Seção IV – Da Educação, Cultura e Desportos, Subseção I – Da Educação, art. 182, essa lei estabelece princípios universais e atende a princípios e preceitos da legislação nacional: "A educação, direito de todos, dever do Estado e da família, será promovida e incentivada com a colaboração da sociedade, com vistas no plano do desenvolvimento da pessoa, seu preparo para o exercício da cidadania e sua qualificação para o trabalho" (ANANINDEUA, 1990, p. 56).

O art. 183 da Loma/1990 estabelece que o ensino seja ministrado com base nos seguintes princípios:

> V - valorização dos profissionais do ensino, na forma da lei, plano de carreira para o magistério público, com piso salarial profissional, e ingresso no magistério público, somente por concurso público de provas e títulos, e regime jurídico único, para todas as instituições públicas mantidas pelo Poder Público (ANANINDEUA, 1990, p. 56).

Verifica-se nesse inciso V do art. 183 que a Loma/1990 já previa a valorização dos profissionais do ensino com piso salarial profissional, plano de carreira para o magistério público, ingresso no serviço público por meio de concurso público de provas e títulos, bem como regime jurídico único. Esses elementos estão presentes nas demais legislações, como se verá a seguir.

Embora seja uma exigência antiga — prevista no Art. 206 da Constituição Federal e delineada pela LDB/1996, que é específica da educação nacional, em obediência ao mandamento constitucional do Art. 22, XXIV —, não havia regulamentação que exigisse o seu cumprimento. Essa lei ordinária voltada para as diretrizes da LDB acolhe como princípio do ensino, no Art. 3º, VII, a valorização do profissional da educação escolar.

Além disso, e sob esse princípio, a LDB dedicou todo o Art. 67 a esse fim:

> Art. 67. Os sistemas de ensino promoverão a valorização dos profissionais da educação, assegurando-lhes, inclusive nos termos dos estatutos e dos planos de carreira do magistério público:
> I - ingresso exclusivamente por concurso público de provas e títulos;
> II - aperfeiçoamento profissional continuado, inclusive com licenciamento periódico remunerado para esse fim;
> III - piso salarial profissional;

IV - progressão funcional baseada na titulação ou habilitação, e na avaliação do desempenho;

V - período reservado a estudos, planejamento e avaliação, incluído na carga de trabalho;

VI - condições adequadas de trabalho (BRASIL, 1996, s/p).

O referido artigo menciona que os sistemas de ensino promoverão a valorização dos profissionais da educação por meio do Piso Salarial Profissional Nacional (PSPN), o que pode ser considerado um avanço, pelo menos na lei, por estar assegurado nos termos dos estatutos e dos planos de carreira do magistério público.

Nesse contexto, as manifestações relacionadas aos direitos assegurados pela Constituição, LDB/1996 e PSPN começam a ganhar força em Ananindeua/PA. A Semed enfrentou uma paralisação por parte dos professores. De acordo com matéria publicada no jornal "O Liberal", de 23 de fevereiro de 2008, a Semed não aceitou receber os servidores do magistério para discutir sobre a criação e/ou reformulação do PCCR (Imagem 1).

Imagem 1 – Movimento de servidores do magistério público de Ananindeua

Fonte: *Jornal O Liberal*, 23 de fevereiro de 2008, Caderno 3

O registro fotográfico revela o descaso do governo municipal com a educação pública, mostrando uma das paralisações motivadas pelo valor do PSPN de R$ 950,00 (novecentos e cinquenta reais), proposto pela Lei n.º 11.738/2008. Em que pese o valor do PSPN ter sido fixado para uma jornada de 40h, e nenhum professor deveria receber valor menor que esse em todo o território nacional, ainda assim não era cumprido. Os trabalhadores reivindicavam, entre outros benefícios, o PCCR.

O Apêndice A revela uma síntese do histórico de ações organizadas de forma coletiva pelo Sintepp-subsede Ananindeua, no período de 2007 a 2015. No apêndice, apresentam-se a data, a fonte das informações e o conteúdo da matéria registrada nos boletins informativos do sindicato e em jornais impressos.

Após intensas mobilizações e paralisações, foi aprovado o Projeto de Lei n.º 62, de 17 de dezembro de 2008, transformando-se na Lei n.º 2.355/2009, do magistério público municipal de Ananindeua/PA, entrando em vigor em 16 de janeiro de 2009[34]. A referida lei dispõe sobre o Plano de Cargos, Carreira e Remuneração dos Servidores do Magistério Público. Era considerada uma medida importante para a categoria, como tentativa de amenizar os baixos salários.

Corroborando os fatos ocorridos em Ananindeua/PA com relação ao PCCR, pesquisadores da educação, como Pinto (2000), Gemaque (2004), Gutierrez (2010) e Gatti e Barreto (2009), sugerem que a busca pela melhoria da qualidade da educação passa pela implementação de políticas de valorização do magistério, o que, entre outros fatores, envolve o desenvolvimento de uma carreira efetivamente atraente para o ingresso e a permanência de bons profissionais na profissão docente, tendo como fator de atratividade, por exemplo, uma remuneração condigna, o que estimula o trabalho em sala de aula.

Outro marco legal foi o novo Plano Nacional de Educação (PNE), que apontava um prazo até 2016 para que todas as redes públicas de educação estabelecessem carreiras adequadas às diretrizes nacionais, garantindo o PSPN do magistério como vencimento inicial da categoria. Isso para que haja equiparação salarial desses profissionais com os demais trabalhadores com o mesmo nível de formação, como se pode constatar em uma matéria veiculada pelo sítio IG (2014), de São Paulo:

> A remuneração média dos professores brasileiros é equivalente a 51% do valor médio obtido, em 2012, pelos demais profissionais com nível superior completo. Há sete anos, esse porcentual era de 44%. Atualmente, o salário médio do docente da educação básica no País é de R$ 1.874,50. Essa quantia é 3 vezes menor que o valor recebido por profissionais da área de Exatas, como por exemplo, os engenheiros. Uma das metas previstas no Plano

---

[34] Ver ata da sessão ordinária, realizada na Câmara Municipal de Ananindeua, em 23 de dezembro de 2008. Essa ata foi expedida por meio do of. n° 6/2016 – Gefin, 23 de agosto de 2016.

Nacional de Educação (PNE), que aguarda sanção presidencial, é equiparar o rendimento médio dos profissionais do magistério das redes públicas com as outras categorias.

Diante disso, Gemaque (2013) chama atenção para questões importantes, oriundas de estudos referentes à pesquisa nacional, entre as quais se destacam: a diversidade de planos de carreira e suas respectivas tabelas salariais; o número significativo de leis, decretos e resoluções estaduais e municipais que regem a carreira; e, além disso, as diferenças na legislação de cada ente federado. Essas disparidades decorrem da enorme diversidade de características das redes municipais e estaduais com ausência de diretrizes específicas para a construção dos planos (LAMBERTUCCI, 2015).

Após amplos debates organizados pela Confederação Nacional dos Trabalhadores em Educação Pública (CNTE), pelo Congresso Nacional e outros, e com controvérsias entre algumas entidades (sindicatos, associações e outros movimentos organizados da sociedade civil), foi aprovada a Lei n.º 11.738/2008, que estabelece o PSPN para os profissionais do magistério público da educação básica e que, em seu Art. 6º, obriga os estados e os municípios a constituírem a elaboração ou adequação de seus planos de carreira e remuneração do magistério até 31 de dezembro de 2009.

2.4.2 Princípios que norteiam o PCCR/2009

No que se refere à educação, a legislação brasileira tem, em certa medida, orientado e regulamentado a criação e/ou reformulação dos planos de cargos, carreira e remuneração dos profissionais do magistério, no entanto se percebe que há diferentes resultados com base na forma de estruturação dessa carreira. Dessa forma, é preciso verificar como estão estruturados e organizados os cargos dos professores da rede pública de ensino do município de Ananindeua, previstos na Lei n.º 2.355/2009.

O Plano de Cargos, Carreiras e Remunerações dos Servidores Público do Municipal de Ananindeua contém princípios e normas de direito público inerentes ao grupo magistério. Diante disso, o PCCR/2009 é uma lei complementar. Veja-se o que informa o art. 1º, parágrafo único:

> Ao servidor do Magistério Público Municipal de Ananindeua aplicam-se, **subsidiária e complementarmente**, as disposições contidas no Estatuto dos Servidores Públicos do Município de Ananindeua, instituído pela Lei nº 2.177, de 7 de dezembro de 2005 e do Plano de Cargos, Carreiras

e Remunerações da Prefeitura Municipal de Ananindeua, criado pela Lei nº 2.176, de 7 de dezembro de 2005, com suas alterações posteriores (ANANINDEUA, 2009, p. 1, grifo nosso).

Ao mencionar os termos "subsidiaria" e "complementarmente", o texto da lei estipula que aquilo que não couber na Lei n.º 2.355/2009 deverá ser analisado subsidiariamente, ou seja, secundariamente por essas outras leis elencadas e suas devidas alterações; sendo assim, os itens que não forem tratados no PCCR/2009 serão analisados nas anteriores previstas no parágrafo único.

O Art. 2º define que são servidores do magistério os que exercem atividades como: "docência, gestão escolar, planejamento, organização, acompanhamento e avaliação das atividades pedagógicas". Vale ressaltar que o parágrafo único confirma que "o regime jurídico dos servidores do Magistério Público Municipal de Ananindeua é o estatutário". O Art. 3º esclarece alguns termos usados no PCCR/2009:

I - **Grupo ocupacional** - o conjunto de categorias funcionais reunidas segundo a afinidade existente entre elas quanto à natureza do trabalho e ao grau de conhecimento;

II - **Categoria funcional** - o conjunto de cargos da mesma natureza funcional e igual denominação;

III - **Cargo** - o conjunto de funções substancialmente semelhantes, quanto à natureza das atribuições e quanto ao nível de dificuldade e responsabilidade, agrupadas sob a mesma denominação;

IV - **Nível** - desdobramento do cargo, segundo a escolaridade, formação ou habilitação;

V - **Carreira** - é o processo de desenvolvimento funcional do servidor dentro do serviço público desde seu ingresso até sua aposentadoria;

VI - **Referência** - a posição horizontal do servidor na escala de vencimento;

VII - **Vencimento** - a retribuição pecuniária paga ao servidor cujo valor corresponde a cada nível e referência do cargo;

VIII - **Remuneração** - o correspondente ao vencimento do cargo efetivo, acrescido das vantagens pecuniárias específicas do cargo;

IX - **Servidor** – é o ocupante do cargo efetivo ou função de confiança, designado de forma legal para exercer as funções específicas do cargo;

X - Área de atuação 1 - a correspondente à educação infantil e às primeiras séries do ensino fundamental;

> XI - Área de atuação 2 - a correspondente às 4 (quatro) séries finais do ensino fundamental (ANANINDEUA, 2009, p. 1-2, grifos nossos).

Quanto aos princípios básicos previstos para a carreira do magistério público, estão assim mencionados no capítulo III, Art. 5º:

> I - aprimoramento da qualificação, por meio de cursos e estágios de formação, atualização ou aperfeiçoamento, especialização, mestrado e doutorado;
> II - piso salarial profissional que se constitua em remuneração condigna e de acordo com o piso nacional;
> III - progressão funcional baseada no mérito acadêmico, na avaliação de desempenho e na avaliação de conhecimentos;
> IV - período reservado a estudos, planejamento e avaliação incluídos na jornada de trabalho;
> V - ingresso exclusivamente por concurso público de provas e títulos;
> VI - condições adequadas de trabalho (ANANINDEUA, 2009, p. 3).

2.4.3 Estrutura dos cargos e movimentação na carreira dos professores da rede municipal de ensino

Em 2009, com a aprovação da Lei Complementar n.º 2.355/2009, essa passou a regulamentar a carreira dos servidores do magistério público e revogaram-se as disposições em contrário. A organização dos cargos e a movimentação dos docentes está apresentada no Quadro 4.

Quadro 4 – Descrição dos cargos efetivos de professor do município – Ananindeua

Nível	Habilitação	Área de atuação	Movimentação
I	Curso médio, modalidade normal[35]	Educação infantil, educação especial, 1ª a 4ª série (1º ao 5º ano) do ensino fundamental	Progressão: acesso ao nível II Promoção: acesso às referências
II	Licenciatura plena com habilitação ao magistério na educação infantil e/ou no ensino fundamental	Educação infantil, educação especial, 1ª a 4ª série (1º ao 5º ano) do ensino fundamental	Progressão: acesso ao nível III Promoção: acesso às referências

---

[35] No PCCR 2009, Lei nº 2.355, ainda está assegurado o cargo de curso médio, modalidade normal para aqueles servidores do magistério que já estavam na rede. Contudo, não se contrata mais nessa modalidade.

Nível	Habilitação	Área de atuação	Movimentação
III	Licenciatura plena com habilitação ao magistério na educação infantil e/ou no ensino fundamental, acrescido de curso de pós-graduação *lato sensu* (em curso de especialização com carga horária de 360h)	Educação infantil, educação especial, ensino fundamental, educação de jovens e adultos I	Progressão: acesso ao nível IV Promoção: acesso às referências
IV	Licenciatura plena com habilitação ao magistério na educação infantil e/ou no ensino fundamental, acrescido de curso de pós-graduação *stricto sensu*, programa de mestrado	Educação infantil, educação especial, ensino fundamental, educação de jovens e adultos	Progressão: acesso ao nível V Promoção: acesso às referências
V	Licenciatura plena com habilitação ao magistério na educação infantil e/ou no ensino fundamental, acrescido de curso de pós-graduação *stricto sensu*, programa de doutorado	Educação infantil, educação especial, ensino fundamental, educação de jovens e adultos	Promoção: acesso às referências

Fonte: Lei nº 2.355, de 16 de janeiro de 2009
Nota: alterada pela Lei nº 3.230/2022

O PCCR/2009, de acordo com o Quadro 4, define que "para assumir o cargo de professor é preciso ter licenciatura plena em Pedagogia e licenciatura de graduação plena com formação superior em área correspondente, acrescida da complementação pedagógica nos termos da legislação vigente" (ANANINDEUA, 2009, p. 4). Importa esclarecer que, apesar de constar o nível I, não se admite mais o ingresso no magistério público sem a licenciatura plena, portanto o nível I (considerado professor leigo) é cargo em extinção na rede municipal de ensino. Quando foi criado o PCCR/2009, ficou mantido o cargo e nível I, por haver na rede de ensino professor efetivo, com magistério curso médio, modalidade normal.

Em 2016, último ano da série histórica, foram encontrados 28[36] servidores do magistério com formação em nível médio exercendo a função docente. Contudo, ao adquirir o título de graduação (licenciatura plena com

---

[36] Segundo o Portal da Transparência, site: HTTP://pronimtb/incomformaçãodex.asp?acao. Acesso em: 11 ago. 2017. Realizou-se consulta em outubro de 2016, por se considerar que há equilíbrio na folha de pagamento do referido mês.

habilitação ao magistério na educação infantil e/ou no ensino fundamental), esses podem requerer mudança para o nível II, e assim sucessivamente. O servidor do magistério da educação básica poderá atingir até 11 referências, como prevê o "Parágrafo Único – Cada nível agrupa 11 (onze) referências numeradas de 1 a 11".

A movimentação dos servidores se dará da seguinte forma: na promoção, quando o deslocamento do servidor ocorre de uma referência a outra, dentro do mesmo nível do cargo e a cada 3 (três) anos. E será realizada obedecendo aos seguintes critérios:

> Art. 29 - A promoção obedecerá a critérios a serem fixados por ato do Poder Executivo, no prazo máximo de 180 (cento e oitenta) dias, especificamente para a carreira do magistério, tomando por base os fatores relacionados ao desempenho no trabalho, à qualificação profissional através de cursos e a exames periódicos de aferição de conhecimentos pedagógicos e na área curricular em que o profissional do magistério exerce suas atividades.
>
> Parágrafo Único - A promoção não poderá ser concedida se o servidor não houver cumprido todo o período correspondente ao interstício, no efetivo exercício de suas funções de magistério na referência em que se encontrar (ANANINDEUA, 2009, p. 8).

A progressão vertical ocorre conforme titulação apresentada até 31 de dezembro de cada ano, e será incorporada até março do ano subsequente. Os percentuais referentes a cada nível serão sobre o vencimento do nível I, referência 01, ou seja, para a especialização, progressão para o nível III, acrescido de 10%; para o mestrado, progressão para o nível IV, acrescido de 20%; para o doutorado, progressão para o nível V, acrescido de 25%.

O objetivo da progressão é incentivar a qualificação dos servidores do magistério e acontece mediante a titularidade, como pode ser constatado pelos artigos a seguir:

> Art. 30 - A progressão tem por objetivo reconhecer a formação acadêmica do profissional do magistério, no respectivo campo de atuação, como um dos fatores relevantes para a melhoria da qualidade de seu trabalho.
>
> Art. 31 - Fica assegurada a progressão por enquadramento em nível mais elevado, na forma abaixo, ao titular do cargo de professor:

> a) Para o Nível II - mediante apresentação de diploma de curso de Licenciatura Plena, com habilitação à docência na educação infantil e/ou no ensino fundamental;
> b) Para o Nível III - mediante a apresentação de comprovante de conclusão de curso de pós-graduação lato sensu, em área de educação, em nível de especialização, com carga horária mínima de 360 (trezentos e sessenta) horas, conforme legislação vigente.
> c) Para o Nível IV - mediante a apresentação de comprovante de conclusão de curso de pós-graduação stricto sensu, em área de educação, em programa de mestrado, conforme legislação vigente.
> d) Para o Nível V - mediante a apresentação de comprovante de conclusão de curso de pós-graduação stricto sensu, em área de educação, em programa de doutorado, conforme legislação vigente (ANANINDEUA, 2009, p. 8).

2.4.4 Ingresso e estágio probatório

A forma de ingresso na carreira do magistério público no município de Ananindeua dar-se-á conforme previsto no capítulo II, Art. 15º, inciso V, por meio exclusivamente de concurso público de provas e títulos, e será assim definido:

> § 1º O Concurso Público para ingresso na Carreira, no cargo de Professor, será realizado por área de atuação, exigida:
> I - para a área 1, habilitação em curso de licenciatura plena;
> II - para a área 2, habilitação em curso de licenciatura plena em disciplinas específicas ou através de outra graduação correspondente a áreas de conhecimento específico, acrescida de complementação pedagógica, nos termos da legislação vigente.
> § 2º A mudança de área de atuação somente poderá ocorrer se houver vaga na nova área em que o professor se habilitou e após quatro anos de efetivo exercício na área para o qual prestou concurso público.
> § 3º A regulamentação do concurso, respeitado o disposto na Lei Orgânica do Município, conterá normas comuns a todos os candidatos e será baixada pelo Chefe do Poder Executivo.

Quanto ao estágio probatório, o servidor, ao ingressar no exercício das funções para as quais prestou concurso público, ficará sujeito "por um período de 3 (três) anos a realizar suas atividades com aptidão, capacidade e desempenho no cargo". O PCCR/2009 prevê e estabelece alguns critérios, como: assiduidade, disciplina, aproveitamento em programas de capacitação, capacidade de iniciativa, produtividade no trabalho, responsabilidade e pontualidade (ANANINDEUA, 2009, p. 5). Considerando tais critérios e sem a devida regulamentação, a prefeitura resolveu, por meio do Decreto n.º 15.958, de 12 de novembro de 2014, estabelecer orientações de como proceder no processo avaliativo ao longo desses três anos.

2.4.5 Jornada de trabalho

Quanto à jornada de trabalho, prevista no PCCR/2009 dos docentes lotados nas unidades de ensino, é de 120h mensais, assim distribuídas:

> I-100 (cem) horas mensais, cumpridas em sala de aula;
> II -20 (vinte) horas mensais como horas-atividade, cumpridas durante quatro dias da semana, preferencialmente no local de trabalho, destinada à preparação e avaliação do trabalho didático, à colaboração com a administração da escola, às reuniões pedagógicas, à articulação com a comunidade e ao aperfeiçoamento profissional, de acordo com a proposta pedagógica da Escola (ANANINDEUA, 2009, p. 6).

A lotação dos docentes, conforme observado nos incisos I e II do art. 18, acontecia da seguinte forma: a jornada máxima considerada para fins de aposentadoria e demais vantagens previstas no PCCR era de 120h; caso o professor tivesse carga horária superior a esse limite, essa era denominada carga horária suplementar, e não era incorporada aos proventos de aposentadoria, apesar dos descontos. Além disso, não recebiam 1/3, nem 1/6 de férias, tampouco décimo terceiro referentes a essa carga suplementar. Isso aconteceu até janeiro de 2011 (Lei n.º 2.355/2009).

A mudança só aconteceu a partir da alteração do §1º do Art. 21 do PCCR/2009, por meio da Lei complementar n.º 2.471, de 5 de janeiro de 2011, que mudou a redação e passou a garantir jornada máxima de 40 horas semanais, conforme previsto a seguir:

> §1º -A hora prestada a título de carga suplementar de trabalho do docente prevista no caput deste art. tem caráter de vencimento e corresponde à diferença entre as horas da jornada de trabalho fixada na sua lotação até o limite de **quarenta horas semanais**, tendo a sua composição e remuneração igual à da hora da jornada de trabalho fixada na sua lotação (ANANINDEUA, 2011, p. 1, grifos nossos).

Importa esclarecer que, a partir da alteração no §1º do Art. 21 do PCCR/2009, os professores do quadro efetivo passaram a ter direito à jornada máxima de 240h mensais, acrescida das vantagens sobre a carga horária em que foi lotado.

Quanto ao tempo destinado à hora pedagógica (HP) prevista no PCCR/2009, fica assim estabelecida: 20h para jornada de 100h, e 40h para a jornada de 200h. Vale ressaltar que ainda não há regulamentação para a implementação da HP na rede, porém existe uma comissão composta de representantes do governo e do Sintepp elaborando proposta para iniciar a implementação em 22 escolas, inicialmente (Portaria nº 89/2017).

Desse modo, a pretensão agora se estende à estrutura e à movimentação da carreira dos profissionais do magistério público do referido município, como será abordado na próxima seção.

2.5 Estrutura e movimentação da carreira dos servidores do magistério público do município de Ananindeua/PA nas Leis n.º 2.176/2005 e nº 2.355/2009

A finalidade deste tópico é verificar como estava estruturada e organizada a carreira dos servidores do magistério público do município de Ananindeua antes da criação da Lei n.º 2.355, que sancionou o PCCR/2009. A análise da estrutura e movimentação das referidas leis, criadas, sobretudo, com o intuito de atender às reivindicações dos professores da rede pública de ensino desse município, tinha por meta verificar como estava configurada a carreira na Lei n.º 2.176 do PCCR de 2005 e se houve avanço na garantia de direitos para os profissionais do magistério, por meio da análise dos seguintes itens: tipo de ingresso/admissão na carreira; forma de progressão/evolução na carreira; jornada de trabalho; estimulo à formação; vencimento e remuneração.

2.5.1 Caracterização da carreira do magistério no PCCR de 2005 e 2009

Ressalta-se a importância de se observar, antes de tudo, a legislação nacional sobre as diretrizes que norteiam a carreira profissional do magistério público. Para melhor entendimento, conceituar-se-á o termo carreira. O conceito de carreira permaneceu limitado a essa analogia, como um predicado estrutural das organizações, em que o sujeito entraria em uma dessas carreiras tendo consciência, de antemão, do que esperar do percurso. Dessa forma, corroborando a origem do termo carreira, no dicionário Houaiss (2009, p. 411) têm-se as seguintes definições: "estrada estreita, caminho que oferece oportunidades de progresso ou em que há promoção hierárquica".

Para Gatti (2009, p. 8), carreira tem origem na palavra *carraria,* que, no latim medieval, significa "estrada rústica para carros". A partir dos conceitos ora atribuídos, Gatti refere-se à carreira como símbolo de "estrada". Gatti, Barreto e André (2010) compreendem que a carreira se refere a um processo de formação permanente do professor, em termos tanto pessoais como profissionais, o que ultrapassa conteúdos e conhecimentos específicos. Significa, sobretudo, pensar a identidade profissional.

Todavia, a implementação da carreira de servidores do magistério público é complexa diante dos desafios que estruturam sua composição e as ações que a subsidiam, impossibilitando sua concretização. Aliada a isso, há necessidade de maior e melhor organização e mobilização por parte dos sujeitos envolvidos com a profissão. Gemaque (2013, p. 16) observa as seguintes situações com relação à carreira:

> Constatações com relação à carreira são possíveis, dada a realidade distinta entre estados e capitais, tais como: a incoerência dos planos de carreira, suas tabelas salariais e a quantidade expressiva de legislações municipais e estaduais que regem a carreira de forma diferente em cada local.

O Quadro 5 apresenta os itens que compõem a carreira, como: admissão/ingresso, vencimento e remuneração, jornada de trabalho, estímulo à formação e condições de trabalho. Conforme se apresenta no quadro, a Lei n.º 2.176/2005[37] regulamenta a carreira dos servidores públicos do município de Ananindeua, e a Lei n.º 2.355/2009[38] regulamenta, específica e complementarmente, a carreira dos servidores do magistério público. Em ambas as legislaturas, o ingresso se dá por meio de "concurso público de provas e títulos, tanto para cargo de professor como o de pedagogo" (Lei n.º 2.355/2009, Art. 15).

---

[37] Ver as leis nº 2.355/2009 e nº 2.211/2006 que alteram alguns itens da Lei nº 2.177/2005 e dão nova redação.

[38] Na Lei Complementar nº 2.355/2009, aplica-se, subsidiária e complementarmente, as disposições contidas no Estatuto dos Servidores Públicos do Município de Ananindeua, instituído pela Lei nº 2.177, de 7 de dezembro de 2005, e do Plano de Cargos, Carreiras e Remunerações da Prefeitura Municipal de Ananindeua, criado pela Lei nº 2.176, de 7 de dezembro de 2005, com suas alterações posteriores.

A movimentação dos servidores do magistério público ocorre ao final de três anos de efetivo trabalho, após a aprovação no estágio probatório[39]. Em caso de afastamento, previsto no Art. 125[40] da Lei n.º 2.177/2005, a avaliação fica suspensa. Cumprido o estágio probatório, o servidor é promovido por promoção e progressão, conforme estabelece o Art. 28 da Lei n.º 2.355/2009:

> I - Promoção - é o deslocamento do servidor de uma referência para outra, dentro de um mesmo nível do cargo, observado o interstício de 3 (três) anos.
> II - Progressão - é o deslocamento do servidor, independentemente de tempo de exercício, de um nível para outro dentro do mesmo cargo, observadas as titulações e ou habilitações requeridas para o novo nível (ANANINDEUA, 2009, p. 8).

---

[39] Avaliação de Estágio Probatório é regulamentada pelo Decreto nº 15.958, de 12 de novembro de 2014, publicado no Diário Oficial do Município em 2015.

[40] Art. 125 – Conceder-se-á ao servidor licença: I – para tratamento de saúde; II – à gestante, à adotante e à paternidade; III – por acidente em serviço; IV – por motivo de doença em pessoas da família; V – para o serviço militar; VI – para concorrer ou exercer cargo eletivo; VII – para desempenho de mandato classista; VIII – para tratar de interesse particular; IX – prêmio;

Quadro 5 – Comparação entre a estrutura e organização da carreira dos servidores do magistério público do município de Ananindeua/PA nas Leis n.º 2.176/2005 e n.º 2.355/2009 e Resolução n.º 2/2009

Características entre o PCCR de 2005 em comparação ao PCCR de 2009	Admissão/ ingresso	Formas progressão/ evolução	Vencimento e remuneração	Jornada de trabalho	Estímulo à formação	Condições de trabalho
Resolução n.º 2/2009	Concurso público de provas e títulos	Progressão por incentivos que contemplem titulação, experiência, desempenho, atualização e aperfeiçoamento profissional	Vencimento não pode ser inferior ao determinado pela Lei do PSPN; equiparação salarial com outras carreiras profissionais de formação semelhante	Jornada de no máximo 40h semanais com previsão de carga horária para hora-atividade; incentivo à dedicação exclusiva em uma única unidade escolar	Remuneração de acordo com a titulação, formação continuada; incentivo à formação nas modalidades presencial e a distância; licença para formação	Promover adequada relação numérica professor/ educando nas etapas da educação básica, bem como número adequado de alunos em sala de aula, prevendo limites menores que os atualmente praticados nacionalmente

Características entre o PCCR de 2005 em comparação ao PCCR de 2009	Admissão/ingresso	Formas progressão/evolução	Vencimento e remuneração	Jornada de trabalho	Estímulo à formação	Condições de trabalho
PCCR – Geral - Lei n.º 2.176/05 (Lei n.º 1.122 altera alguns itens, dando nova redação)	Dar-se-á mediante concurso público de provas e títulos	Pode ocorrer nas seguintes formas: I. Promoção Funcional por Antiguidade; II. Promoção Funcional por Atividade; III. Promoção por Titulação Profissional; IV. Promoção por Mérito Profissional	Tratada em lei específica	O Art. 197 do PCCR de 2005 estabelecia uma jornada de trabalho específica que variava entre 8 e 48 h/a. O cálculo dessa jornada era o seguinte: dividida por 5 (cinco) dias da semana e multiplicada por 30 (trinta) dias do mês **(Revogado pela Lei nº 2.355/09)**	Estimula a criação de uma lei especial que disponha sobre os requisitos, custeio e formas de concessão de bolsas de estudo para capacitação e aperfeiçoamento dos docentes	Não faz referência

PCCR DO MAGISTÉRIO DE ANANINDEUA: IMPLEMENTAÇÃO, LUTAS E CONQUISTAS

Características entre o PCCR de 2005 em comparação ao PCCR de 2009	Admissão/ ingresso	Formas progressão/ evolução	Vencimento e remuneração	Jornada de trabalho	Estímulo à formação	Condições de trabalho
PCCR – Magistério Ananindeua Lei n.º 2.355/2009	Mediante concurso público de provas e títulos	Movimentação na carreira dar-se-á por meio de promoção a cada três anos, baseada na avaliação do desempenho do trabalho, mérito acadêmico, avaliação de conhecimentos e progressão, independente de tempo de serviço por meio de titulações e habilitações	Vencimento básico de R$ 833,00, além de adicionais por tempo de serviço a cada três anos	Jornada de no máximo 240h mensais a ser cumpridas prioritariamente em uma única unidade de ensino com 40h. semanais para hora-atividade, modificada pela Lei complementar n.º 2.471/11	Licença remunerada para formação, de no máximo 3 (três) anos, podendo ser prorrogada por mais um ano. Estimula a concessão de bolsa, aprimoramento para os cursos de mestrado e doutorado (concedida por meio do Decreto n.º 17.097/2016, que regulamenta o art.55 do PCCR/2009).	Condições adequadas de trabalho.

Fonte: elaborado pela autora (2017)
Nota: alterada pela Lei nº 3.230/2022

Ao ingressar na rede municipal de ensino, o servidor do magistério passa a receber o valor estabelecido na tabela de vencimentos em vigor, a qual é publicada anualmente no Diário Oficial do Município de Ananindeua, sempre que há reajuste salarial. A tabela se iniciava pelo nível I, por existir no quadro da Semed servidores sem o curso superior (nível magistério); a partir de 2005, não foram ofertadas novas vagas para ingresso na rede municipal sem o nível superior, de modo que o valor referente ao ingresso é o do nível II.

Para fins de cálculo no reajuste da tabela de vencimentos, usa-se a referência 01, nível I:

> Os vencimentos dos cargos do Grupo Magistério serão fixados em razão da titulação ou habilitação específica, independentemente de série escolar ou área de atuação, considerando-se vencimento básico da Carreira o vencimento fixado para o cargo de Professor, Nível I, Referência 01 (ANANINDEUA, 2009, p. 12).

2.6 Composição da remuneração dos profissionais do magistério público do município de Ananindeua/PA

A remuneração da rede municipal de educação está prevista no PCCR/2009, na Lei 2.177/2005 e no PCCR/2005 da Prefeitura Municipal de Ananindeua.

De acordo com o PCCR/2009, o servidor do magistério fará jus ao "vencimento do cargo efetivo, acrescido das vantagens pecuniárias específicas do cargo". O vencimento deverá ser entendido, conforme o previsto no PCCR/2009, como "retribuição pecuniária paga ao servidor cujo valor corresponde a cada nível e referência do cargo". A remuneração deverá ser compreendida como: o vencimento do cargo efetivo, acrescido das vantagens pecuniárias específicas do cargo.

Conforme previsto no PCCR/2009, os profissionais do magistério terão vencimentos fixados de acordo com a titulação ou habilitação específica, independentemente da série escolar ou área de atuação, considerando que o vencimento-base da carreira do cargo de professor nível I será o vencimento fixado para o cargo de professor nível I, referência 01.

Os profissionais do magistério farão jus às seguintes vantagens:

> a) Gratificação pelo exercício do cargo em escola de difícil acesso, situada na zona rural, até o limite de 40% (quarenta por cento) do vencimento, conforme regulamento aprovado

anualmente por ato do titular da Secretaria Municipal de Educação, ouvida a Comissão de Gestão do Plano de Carreira que considerará as dificuldades de transporte e de acesso e o deslocamento permanente;

b) Gratificação pelo exercício de direção de unidade escolar;

c) Adicional por tempo de serviço, nos termos do estabelecido no Estatuto dos Servidores Públicos do Município de Ananindeua (quinquênio 5%, a cada 5 anos de efetivo exercício) Lei nº 2.177 de 2005, Estatuto dos Servidores Públicos do Município de Ananindeua.

§ 1º As gratificações não são cumulativas, prevalecendo sempre a de maior valor.

§ 2.º As gratificações não serão incorporadas à remuneração do servidor.

Art. 46 - A gratificação pelo exercício de direção de unidades escolares, observará a tipologia das escolas.

§ 1º A classificação das unidades escolares, segundo a tipologia, será estabelecida anualmente pela Secretaria Municipal de Educação, ouvida a Comissão de Gestão do Plano de Carreira, e definirá a existência da função de vice-direção.

§ 2º As variações registradas no atendimento dos critérios de tipificação das escolas implicarão na correção da gratificação a ser paga, apurados anualmente.

§ 3º A gratificação pelo exercício de vice-direção de unidades escolares corresponderá a 30% (trinta por cento) do vencimento.

§ 4º A gratificação pelo exercício de direção e de vice-direção de unidades escolares.

Em face ao exposto, apesar de o PCCR/2009 estabelecer, no Art. 13, que as funções de direção e vice-direção sejam exercidas por ocupantes de cargos efetivos da carreira do magistério, o que se observa é que a Lei Orgânica do Município de Ananindeua está em desacordo, visto estabelecer que:

Art. 185 O diretor das escolas municipais deverá ser indicado pelo Prefeito Municipal, sendo da competência da Secretaria Municipal de Educação, averiguar se o profissional indicado atende aos seguintes requisitos:

I - qualificação ao nível de 2º grau, habilitação magistério;

II - postura adequada para exercer a função dignamente;

III - integração à política educacional do sistema municipal de educação (ANANINDEUA, 1990, p. 57).

Essas funções gratificadas são exercidas, na sua maioria, por servidores temporários, por ser a nomeação prerrogativa do prefeito e não por meio de eleição direta. Entretanto, não é o que preconiza o Art. 13 da Lei n.º 2.355/2009:

Art. 13 – As funções gratificadas correspondem às atividades de Gestão e Administração Escolar devendo ser exercidas por servidores ocupantes de cargo efetivo do Quadro de Carreira do Magistério, desde que habilitados ou devidamente autorizados pelo órgão competente do sistema (ANANIN-DEUA, 2009, p. 4).

Quadro 6 – Funções gratificadas

Função	Tipologia	Nº de alunos	Percentual	Base de cálculo
Direção	01	Até 300	40%	Vencimento
	02	301 a 600	60%	
	03	601 a 900	80%	
	04	Mais de 900	100%	
Vice-direção	-	-	30%	Vencimento

Fonte: Lei nº 2.355, de 16 de janeiro de 2009
Nota: gratificações alteradas pela Lei nº 3.230/2022

O Quadro 6 apresenta as funções gratificadas exercidas pelo diretor e pelo vice-diretor, que, de acordo com o número de alunos, recebem sobre seu vencimento-base o percentual que varia entre 40 e 100% para o cargo de diretor, e 30% para o vice-diretor, independentemente do número de alunos.

Por fim, neste capítulo, realizou-se uma breve caracterização dos aspectos econômicos, sociais, políticos e culturais de Ananindeua, de modo a mostrar como está situado o contexto educacional desse município. Além disso, foi realizada uma análise do PCCR nos itens Carreira e Remuneração, com a finalidade de mostrar como está organizada a carreira e a remuneração dos profissionais do magistério em Ananindeua. Ao analisar os itens Carreira e Remuneração, foi possível verificar algumas alterações, as quais serão abordadas no capítulo três.

CAPÍTULO III

ALTERAÇÕES DA LEI Nº 2.355/2009 NA CARREIRA E NA REMUNERAÇÃO DOS PROFISSIONAIS DO MAGISTÉRIO EM ANANINDEUA, PARÁ: AVANÇOS E RETROCESSOS

[...] o que leva as pessoas à posição revolucionária consciente não é a ambição de seu objetivo, mas o fracasso aparente de todas as formas alternativas para alcançá-lo, o fechamento de todas as portas para elas. Se nos deixarem fora de nossa casa com a porta fechada perceberemos que há várias maneiras de entrar nela, embora algumas impliquem uma confiante paciência. Somente quando nenhuma delas parece realista pensamos em arrombar a porta. Entretanto, vale a pena observar que mesmo assim provavelmente não arrombaremos a porta a menos que tenhamos a sensação de que vai ceder. Tornar-se um revolucionário encerra não só uma dose de desesperança, mas também de alguma esperança
(HOBSBAWN, 2015, p. 318-319).

A seguir são abordadas as alterações na configuração da carreira e na remuneração dos profissionais do magistério público do município de Ananindeua/PA advindas da implementação do PCCR/2009 e dos atos implementados pelos governos municipais no decorrer da série histórica, pela importância que assumem na análise do arcabouço jurídico legal que evidencia as alterações. Discutir se as alterações observadas na carreira e nas remunerações se configuraram como avanços ou retrocessos para esses profissionais constitui a finalidade deste capítulo, o que será feito em diálogo com as informações teóricas abordadas no primeiro e segundo capítulos.

A luta por plano de carreira específico — que contemplasse os anseios dos servidores do magistério de Ananindeua — intensificou-se com a aprovação da Emenda Constitucional n.º 53, que criou o Fundo de Manutenção e Desenvolvimento da Educação Básica e de Valorização dos Profissionais da Educação (Fundeb), regulamentado pela Lei n.º 11.494/2007. Foram mantidos os mesmos percentuais de subvinculação dos recursos em relação ao Fundef para a remuneração docente e atividades afins, porém, com o Fundeb, a destinação dos recursos ampliou-se para todas as etapas e modalidades da Educação Básica.

Diante disso, destaca-se o Art. 40 da Lei nº 11.494/2007:

> Art. 40. Os Estados, o Distrito Federal e os Municípios deverão implantar Planos de Carreira e remuneração dos profissionais da educação básica, de modo a assegurar:
> I - a remuneração condigna dos profissionais na educação básica da rede pública;
> II - integração entre o trabalho individual e a proposta pedagógica da escola;
> III - a melhoria da qualidade do ensino e da aprendizagem.
> Parágrafo único. Os Planos de Carreira deverão contemplar capacitação profissional especialmente voltada à formação continuada com vistas na melhoria da qualidade do ensino (Lei nº 11.494/2007, p. 18).

Dessa maneira, responsabiliza os estados, o Distrito Federal e os municípios pela implementação de Planos de Carreira e Remuneração dos profissionais da educação básica, de modo a garantir sua remuneração condigna.

É sabido que existe uma estrutura legal — Constituição Federal, Lei de Diretrizes e Bases da Educação Nacional, Plano Nacional de Educação, Fundeb, decretos e resoluções — que possibilitou avançarmos em uma legislação específica do magistério, no que tange à remuneração e à jornada de trabalho dos servidores da educação pública. E, ainda, no contexto das lutas desses servidores, foi aprovada a Lei n.º 11.738/2008, que estabelece o Piso Salarial Profissional Nacional para os Profissionais do Magistério Público da Educação Básica, assim como uma jornada máxima de 40 horas semanais, com um percentual máximo de 2/3 do tempo destinado para a interação com alunos e 1/3 utilizado para desenvolver ações inerentes às demais necessidades do magistério, como: formação continuada, planejamento, pesquisa, elaboração de avaliações, sendo denominada hora-atividade.

Esse PCCR/2009 foi resultado da luta que se intensificou em 2008 no município de Ananindeua/PA, conforme veiculado em matéria publicada em 1º de maio de 2008, no caderno Poder, do jornal *O Liberal*. Entre as reivindicações apresentadas ao governo municipal estavam:

> [...] a não municipalização do ensino em Ananindeua, a construção imediata de um plano de carreira específico para os trabalhadores em educação (o plano de carreira específico deverá atingir todos os trabalhadores escolares, desde o vigia

> até a diretora da instituição) [...] seminário sobre "Impactos do Fundeb no Município de Ananindeua e no Estado do Pará x Plano de Carreira, Cargos e Salários" que o sindicato realizou no auditório do Ministério Público em Ananindeua (O LIBERAL, 2008, p. 4)[41].

As ações realizadas em torno da reformulação do PCCR entre 2008 e 2009, inclusive com ameaça de greve, foram decisivas para que fosse incluída na agenda do governo municipal e para que fosse criada a comissão para reformulação da Lei n.º 2.176/2005. Além disso, em trecho da mensagem n.º 62, enviada em 17 de dezembro de 2008 à Câmara Municipal de Ananindeua (CMA) pelo então prefeito Helder Barbalho, foi informado sobre o projeto de lei referente ao PCCR/2009:

> A Secretaria Municipal de Educação vem dialogando com os profissionais da educação desde o início da atual gestão municipal com o intuito de construir um plano que venha ao encontro das necessidades da categoria, das possibilidades orçamentárias do município e da política educacional da Semed. [...] a publicação da Lei nº 11.738, de 16 de julho de 2008 que determina a criação do Piso Salarial Profissional Nacional para os profissionais do magistério público da educação básica, a discussão sobre o PCCR dos servidores do magistério do município de Ananindeua ganha um novo e forte aliado do ponto de vista legal [...]. O resultado é a construção de um plano que contempla as principais reivindicações dos educadores e atende as possibilidades administrativas da gestão municipal.

O trecho extraído da mensagem n.º 62 revela que a publicação da lei do PSPN aliada à reivindicação dos servidores foi decisiva para a aprovação do PCCR/2009 em Ananindeua/PA. Além disso, confirma que existia a possibilidade de efetivação do plano, o qual pretendia conceder aos trabalhadores uma remuneração diferenciada das existentes.

Em ata da sessão ordinária, realizada na câmara municipal de Ananindeua em 23 de dezembro de 2008, é revelada a origem do encaminhamento dos projetos de lei, qual seja:

> Projeto de **Lei** nº **60/2008** – Dispõe sobre a concessão de **Vale Alimentação** aos Servidores integrantes do quadro funcional da Secretaria Municipal de Educação – Semed, e dá outras

---

[41] Darnton (1990, p. 10) sustenta a importância do uso de jornais como fonte ao afirmar que aprendeu que a notícia não é o que aconteceu no passado imediato, e sim o relato de alguém sobre o que aconteceu e que a experiência pessoal dele com as notícias o levaram "para o pântano movediço da narratologia".

> providencias, **origem: Poder Executivo**; **Projeto de Lei nº 62/2008** Dispõe sobre O **Plano de Cargos, Carreiras e Remunerações** dos servidores do Magistério Público Municipal de Ananindeua, e dá outras providencias, **origem: Poder Executivo**, ambos foram encaminhados para as comissões de justiça, Finanças e Orçamento, Administração, Educação e Redação final [...] (Ata da Câmara Municipal Ananindeua, sessão ordinária realizada no dia 23 de dezembro de 2008, fl. 01, grifos nossos).

Esses dois projetos de lei, após passarem pelas comissões, foram aprovados por unanimidade e sem alterações, como consta na referida ata. Observa-se que os projetos de lei são votados, quase sempre, em datas como julho e dezembro, dificultando a mobilização e participação da população sobre as matérias em pauta. Nesse contexto, percebe-se que o projeto de lei teve origem no Executivo e que houve celeridade nos trâmites até a votação, o que é verificável por meio do documento enviado à Câmara, que ensejou sua aprovação em sete dias.

Desse modo, para elucidar o cenário vivido pelos trabalhadores do magistério público, apresento um trecho da matéria publicada no jornal O Liberal, em 6 de março de 2008 (Caderno Poder, p. 3), em que o coordenador geral do Sintepp-Subsede Ananindeua relata:

> [...] nós temos um dos piores salários de toda a região metropolitana de Belém. Eles não consideram a valorização do professor como fator preponderante para o aumento da qualidade do ensino [...] tem professor ganhando menos que o salário mínimo em Ananindeua (O LIBERAL, 2008, p. 3).

Esse trecho denuncia as péssimas condições de salário e trabalho na rede de ensino do município. A indignação venceu o medo e os trabalhadores se uniram em torno da reformulação do PCCR/2009, que teve a participação do governo e representantes dos trabalhadores. Após pressão da categoria, o governo incluiu essa pauta em sua agenda e ainda reajustou os salários.

A conjuntura política no município se mostrava favorável por ser ano eleitoral. A proposta apresentada pelos servidores do magistério foi a seguinte: o governo enviaria a proposta para ser aprovada pela Câmara com o compromisso de começar a implementá-la a partir de janeiro de 2009. Isso aconteceu no primeiro ano de gestão do governo Helder Barbalho, após eleito para o segundo mandato. A proposta de faixa salarial da categoria era maior que aquela aprovada pelo governo federal para uma jornada de 40h. Assim, para tentar a realização de um acordo, o prefeito propôs vale-alimentação como complementação salarial, alegando não ter condições financeiras de arcar com a folha de pagamento. A partir de então, a Lei n.º 2.355/2009 entra em vigor na data de sua publicação, em 1º de janeiro de 2009.

3.1 Alterações na configuração da carreira e remuneração do magistério em Ananindeua/PA

> O papel da educação é soberano, tanto para a elaboração de estratégias apropriadas e adequadas para mudar as condições objetivas de reprodução, como para a automudança consciente dos indivíduos chamados a concretizar a criação de uma ordem social metabólica radicalmente diferente (MESZAROS, 2008, p. 65).

3.1.1 1º ato de implementação do PCCR, ocorre o primeiro enquadramento na referência 01 e nível I da Lei n.º 2.355/2009 – ano 2009

O primeiro ato ocorreu em 2009, por meio da Portaria n.º 398, editada pelo prefeito Helder Barbalho, publicada no Diário Oficial do Município, correspondente ao período de 16 a 28 de fevereiro de 2009. Essa portaria inicia o processo de implementação da Lei n.º 2.355/2009 e dispõe sobre o enquadramento dos servidores do magistério no PCCR/2009 e dá outras providências, a saber:

> Art. 1º Os servidores relacionados no anexo desta Portaria, ocupantes de cargos do magistério público municipal de Ananindeua, **ficam enquadrados no Plano de Cargos, Carreira e Remunerações dos Servidores do Magistério Público Municipal de Ananindeua, instituído pela Lei nº 2355, de 16 de janeiro de 2009, no cargo de professor, nível I**, a contar de ANANINDEUA/PA, PCCR/ 2009[42] (grifos nossos).

De acordo com o que estabelece o Art. 1º dessa portaria, não foram obedecidos os critérios previstos no Art. 28, inciso I, do PCCR/2009, que estabelece "o deslocamento do servidor de uma referência para outra,

---

[42] Portaria nº 398, de 26 de fevereiro de 2009. Publicada do Diário Oficial do Município de Ananindeua no período de 16 a 28 de fevereiro de 2009.

dentro de um mesmo nível do cargo, observado o interstício de 3 (três) anos". Assim, todos os ocupantes do magistério do quadro efetivo foram enquadrados com o mesmo tempo de serviço dos que se encontravam no início da carreira, ou seja, nível I, referência 01, não sendo assegurada a promoção na referência por tempo de serviço, nem a progressão de acordo com a titularidade.

Veja-se o que deveria ter ocorrido caso o PCCR, Lei n.º 2.355/2009, fosse cumprido:

> **Art. 61º - Em nenhuma hipótese** o servidor titular de cargo de provimento efetivo, ao ser enquadrado em cargo do Quadro de Pessoal do Magistério Público Municipal de Ananindeua, criado nesta Lei, **terá redução na remuneração, constituída de seu vencimento acrescido das vantagens permanentes.**
>
> § 1º. Para cumprimento do previsto no "caput" deste artigo, **o servidor deverá ser enquadrado, numa referência do novo cargo que não proporcione perda na remuneração** referida no "caput" deste artigo.
>
> § 2º. **No caso do enquadramento** realizado nos termos do parágrafo anterior **resultar**, ainda assim, **em prejuízo financeiro para o servidor, este fará jus ao recebimento da diferença,** como vantagem pessoal, incorporada ao vencimento para todos os efeitos legais, sobre a qual incidirão os reajustes futuros (Lei nº 2.355 de 2009, Capitulo II, p. 15, grifos nossos).

O Art. 61 e seus respectivos parágrafos expressam exatamente o contrário do que foi realizado por meio da Portaria n.º 398. Por meio desse ato, todos os servidores do magistério foram enquadrados no nível I, não sendo considerados sua titulação e tempo de serviço, como previsto no PCCR/2009. A promoção por tempo de serviço deveria ter sido realizada quando do enquadramento, bem como a progressão por titularidade. Assim sendo, os servidores com tempo de serviço superior a três anos foram prejudicados, contrariando o Art. 61 do referido plano e seus respectivos parágrafos.

Esse ato demonstra forte viés autoritário, fruto de uma gestão patrimonialista que governa como representante dos interesses do Estado e desconsidera a lei e acordos já firmados com a classe trabalhadora. Na sociedade de classes em constante conflito, acordos são firmados, mas deixam de ser cumpridos, característica própria de governos que atuam sem observar o institucional, o que expressa algumas ações implementadas pelo governo municipal. Para Poulantzas (2000, p. 82) são

> Muitas das ações do Estado que ultrapassam seu papel repressivo e ideológico, suas intervenções econômicas e, sobretudo os compromissos materiais impostos pelas classes dominadas às classes dominantes, uma das razões do consentimento vêm inscrever-se no corpo da lei fazendo parte de sua estrutura interna. A **lei apenas engana ou encobre, reprime, obrigando a fazer ou proibindo.** Também organiza e sanciona direitos reais das classes dominadas (claro que investidos na ideologia dominante e que estão longe de corresponder a sua aplicação ou à sua forma jurídica) e comporta os compromissos materiais impostos pelas lutas populares às classes dominantes. (grifos nossos)

Assim, o autor mostra que o Estado estabelece e aprova os pleitos da classe trabalhadora, porém imbuído na ideologia da classe dominante. Ou seja, o faz apenas para dar satisfação às demandas dos trabalhadores, pois os direitos adquiridos por meio de lutas nem sempre são, concretamente, atendidos, mesmo que garantidos legalmente. O descumprimento das normas, muito presente na cultura governamental deste país, fragiliza os trabalhadores, ao negar-lhes um direito já conquistado.

Sobre essas ações arbitrárias adotadas por determinados governos, Poulantzas (1971) ajuda a explicar as razões, ao argumentar que a função do Estado com relação às classes dominadas é determinar seu isolamento econômico, impedindo sua organização política, ou seja, "o Estado capitalista tem por função desorganizar politicamente as classes dominadas, enquanto organiza politicamente as classes dominantes" (POULANTZAS, 1971, p. 9).

Dessa forma, a mobilização e união em prol de ascender economicamente por meio do trabalho ficam inviabilizadas, tendo em vista a estrutura de dominação que controla o poder aquisitivo dos trabalhadores, em certa medida impede que os dominados se organizem para conquistar direitos políticos, econômicos e sociais.

Camargo *et al.* (2009) alerta para outro fator importante na análise das consequências do ato do executivo de Ananindeua, ao ignorar o que a lei do PCCR estabelece. Segundo esse autor, em qualquer lugar do mundo, a qualidade da educação está relacionada ao seu financiamento, e parte significativa desse é destinada ao pagamento dos professores. Assim, a prioridade atribuída à gestão dos recursos disponibilizados para a educação revela o comprometimento da gestão com a construção de uma educação pública de qualidade. De certa forma, pode-se dizer que a efetivação do Art. 61 do

PCCR contribuiria para remunerar melhor os servidores do magistério; o não cumprimento contribuiu para retardar a movimentação na carreira e a melhoria na remuneração.

Ao cotejar os textos da lei com a realidade dos servidores do magistério público de Ananindeua, percebe-se que os avanços alcançados pelos trabalhadores — professores e assegurados em lei — podem ser ignorados por atos autoritários, mesmo estando preconizados em planos governamentais, como é o caso da meta de valorização dos profissionais do magistério.

O Gráfico 3 exemplifica o processo de transição do período entre o ano de 2009 a 2022 ao apresentar os valores dos vencimentos básicos percebidos pelos servidores do magistério público de Ananindeua, fazendo um paralelo entre o PSPN e o Piso praticado pelo município após o ano de implantação do PCCR em 2009.

Gráfico 3 – Evolução do Piso Nacional dos Professores x Piso da Prefeitura de Ananindeua/PA

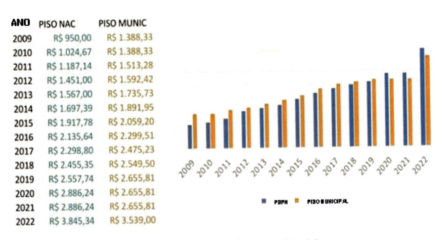

Fonte: elaborado por Sintepp subsede Ananindeua (atualizado)

O Gráfico 3 apresenta o vencimento para a jornada de 40h de um professor nível I, referência 01 (magistério modalidade normal), que, em 2008, recebia R$ 1.113,80 (um mil cento e treze reais e oitenta centavos), antes da implementação da Lei nº 2.355/2009. Anteriormente todos os servidores do magistério público de Ananindeua/PA recebiam o mesmo valor remuneratório, independentemente do tempo de serviço e escolaridade. A partir de janeiro de 2009, quando houve o primeiro enquadramento, todos passaram a receber de acordo com o nível de escolaridade que apresentavam, entretanto não foi realizada a promoção horizontal (tempo de serviço). Ressalto que houve um aumento de, aproximadamente, 24,64%, (vinte e quatro vírgula sessenta e quatro por cento), que corresponde a R$ 274,53 (duzentos e setenta e quatro reais e cinquenta e três centavos) para o professor nível I.

Conforme o Gráfico 3, observa-se que os percentuais publicados anualmente por meio das portarias interministeriais não estão em conformidade com a legislação do PSPN. No ano 2009 o piso municipal estava acima do piso nacional. Em 2010, o reajuste do piso permaneceu inalterado. Os demais valores repassados foram os menores em relação aos percentuais do piso nacional. A partir de 2020, o piso nacional passa a alcançar percentuais maiores que os repassados ao piso do município de Ananindeua/PA, que não acompanhou os percentuais anunciados pelo Ministério da Educação (MEC).

A Tabela 13 ilustra melhor como ficaram os vencimentos após enquadramento. Vejamos:

Tabela 13 – Vencimento básico do servidor do magistério em Ananindeua/PA após o primeiro enquadramento em 2009 no PCCR/Jornada de 40h

Cargo Professor-PFI	Vencimento em 2008	Vencimento em 2009	Valor acrescido	Percentual de acréscimo
Nível I	R$ 1.113,80	R$ 1.388,33	R$ 274,53	24,64%
Nível II	R$ 1.113,80	R$ 1.804,83	R$ 691,03	62,04%
Nível III	R$ 1.113,80	R$ 1.943,66	R$ 829,86	74,77%
Nível IV	R$ 1.113,80	R$ 2.290,74	R$ 1.176,94	105,66%
Nível V	R$ 1.113,80	R$ 2.568,41	R$ 1.454,61	130,59%

Fonte: Lei 2.355/2009 anexo V – Tabela de vencimentos[43]. Elaborada pela autora

Embora tenha havido um ganho em termos salariais, como observado na Tabela 13, organizada conforme a tabela de vencimentos básicos (quadro anexo V do PCCR, Lei n.º 2.355/2009), os valores percebidos eram muito baixos se comparados às expectativas de remuneração, conforme prevê a Constituição Federal de 1988, em seu art. 7º, inciso IV a seguir:

---

[43] Os valores da tabela são calculados multiplicando-se pelo vencimento do nível I, referência 01, do cargo de professor (magistério/curso médio modalidade normal), valor correspondente, estabelecido na tabela da estrutura básica da carreira (anexo IV) e dividindo-se o resultado por 100.

> Art. 7º São direitos dos trabalhadores urbanos e rurais, além de outros que visem à melhoria de sua condição social,
>
> ...
>
> IV - salário mínimo, fixado em lei, nacionalmente unificado, capaz de atender a suas necessidades vitais básicas e às de sua família com moradia, alimentação, educação, saúde, lazer, vestuário, higiene, transporte e previdência social, com reajustes periódicos que lhe preservem o poder aquisitivo, sendo vedada sua vinculação para qualquer fim (BRASIL, 1988 s/p, grifos nossos).

Todavia, é perceptível que os artigos constitucionais não são obedecidos. Os trabalhadores vivem em um dilema financeiro que contraria a determinação de que seu salário "deve ser suficiente para vida digna do cidadão e de sua família". Nesse sentido, a remuneração deficitária retira dos profissionais de educação a qualidade de vida para si e sua família e o sonho de uma educação de qualidade.

Diante do contexto, fica evidente a necessidade de relacionar a qualidade de vida às péssimas condições de trabalho e adoecimento dos servidores do magistério. Em que pese não ser o foco desta pesquisa, vale ressaltar algumas questões concernentes a esse assunto. Para tanto, destaco as investigações realizadas pelo Grupo de Pesquisas sobre Política Educacional e Trabalho Docente (GESTRADO/UFPA, 2012), coordenadas pela Prof.ª Dr.ª Olgaíses Maués, Barros (2013), Reis (2014), Solimões (2015) e Gemaque (2017), sobre condições de trabalho e saúde docente.

Esses estudos desenvolvidos por pesquisadores do Gestrado/UFPA revelam que existem vários fatores que podem causar o adoecimento dos professores, entre os quais: jornada de trabalho em mais de uma escola, tarefas para realizar em sua residência sem ser pagos por isso, condições físicas ambientais desfavoráveis, falta de materiais pedagógicos, entre outros. Aliadas a essas dificuldades, segundo Reis (2014), as condições precárias de trabalho são os geradores do adoecimento dos docentes, uma vez que são submetidos a ambientes inóspitos (poeira, salas quentes, sem areação e ventilação), tornando os afazeres dos professores um desafio diário.

Nessa perspectiva, Medeiros e Reis (2012, p. 89) afirmam que:

> A hipótese de que há estreita relação entre a atividade laboral e os efeitos sobre a saúde dos trabalhadores nos confirmam a prevalência de problemas de voz, doenças musculoesqueléticas e a depressão figuram como as mais comuns entre

> os trabalhadores docentes do estado do Pará, que podem
> ser oriundas das condições de trabalho as quais os mesmos
> estão submetidos.

Para Marx, as condições de trabalho estão diretamente ligadas às condições de vida dos trabalhadores. Diante desse contexto, Gatti, Barreto e André (2011, p. 26) asseguram que:

> O cenário no qual os professores atuam e o foco e as suas formas de atuação tem demandado complexidade crescente. A essa "complexificação" da condição docente aliam-se a precarização de suas condições de trabalho no contexto comparativo do exercício de outras profissões e as dificuldades de manter as condições favoráveis para autoestima e, em sua representação, criar estima social.

Por fim, as autoras apontam a realidade que perpassa o contexto educacional brasileiro sobre questões relacionadas às condições de trabalho e o reflexo na saúde dos servidores do magistério.

Uma pesquisa recente, orientada pela Prof.ª Arlete Camargo (UFPA/ICED), intitulada "As condições de trabalho e a repercussão na saúde dos professores trabalhadores dos anos iniciais do ensino fundamental", tem como lócus da pesquisa o município de Ananindeua/PA. A pesquisa revelou que:

> [...] as condições de trabalho não são favoráveis para o desenvolvimento das atividades docentes, causando desconforto e agravamentos na sua saúde dos professores, em todas as subcategorias, como: formação continuada, aspectos funcionais e organizacionais, carreira docente, atividade docente e as condições físicas e materiais (SOUZA, 2017, p. 6).

As condições de trabalho ora discutidas apontam que as escolas da rede de ensino público no município de Ananindeua/PA não oferecem condições favoráveis para a realização das atividades laborais dos professores, desencadeando um efeito de desvalorização ainda maior e comprometendo o desempenho dos docentes e, consequentemente, a qualidade do ensino. Dessa forma, considerando os demais itens elencados no Art. 7º da CF/88, vê-se que direitos são ignorados não apenas no que tange aos salários em si mesmos, mas à qualidade de vida à qual fazem jus os trabalhadores.

Em 2010, no material analisado (ver Quadro 3, p. 28), não foi possível observar mudanças na lei referentes ao processo de implementação do PCCR/2009 na rede pública municipal de ensino em Ananindeua/PA com relação à alteração ou regulamentação na Lei n.º 2.355/2009, nem ocorreu reajuste na tabela de vencimentos da referida lei. O reajuste PSPN no ano 2010 foi de 7,86% (sete vírgula oitenta e seis por cento), enquanto o vencimento na tabela anexa ao plano permaneceu sem reajuste. Portanto, esse ato pode caracterizar-se em possíveis efeitos pós-enquadramento no nível I e referência 01, no ano 2009, que alterou a configuração da remuneração do magistério em Ananindeua/PA, conforme mencionado (Gráfico 4).

Gráfico 4 – Histórico de reajustes do PSPN e PCCR, de 2009 a 2016 na rede municipal de Ananindeua/PA

Fonte: Semed/SEMAD- 2016 – jornada de 40h

O Gráfico 4 apresenta a evolução dos percentuais de aumento do PSPN em relação aos praticados pelo governo municipal no decorrer da série histórica da referida pesquisa. De acordo com as informações apresentadas, em 2009, quando houve a implementação do PSPN, o valor inicial foi de R$ 950,00 (novecentos e cinquenta reais) para uma jornada de 40h, e o governo municipal começou a pagar, no mesmo ano, R$ 1.388,33 (um mil trezentos e oitenta e oito reais e trinta e três centavos), valor aproximadamente 46% acima do PSPN.

Diante disso, após o enquadramento dos servidores públicos do magistério no PCCR/2009, os percentuais de reajustes foram diminuindo, principalmente entre os anos 2010 e 2012, quando o governo municipal decidiu não acompanhar integralmente os percentuais de crescimento nos mesmos moldes do aumento do PSPN para o vencimento básico, contudo o vencimento básico continuou sendo maior que o PSPN.

Observa-se que, na gestão de Helder Barbalho (2009/2012), enquanto o PSPN cresceu em 45,93%, em Ananindeua, no mesmo período, o vencimento cresce apenas 14,23%, ou seja, foram reduzidos os percentuais com o intuito de aproximar o vencimento básico do magistério ao do PSPN. Assim sendo, o descolamento foi reduzido em 31,7% — entre o piso de Ananindeua e o PSPN — somente nesse período, quando comparado ao crescimento praticado nos valores do PSPN.

Diante das questões pontuadas no Capítulo II[44], emerge a necessidade de apresentarmos alguns dados obtidos por meio do Siope/INEP, quanto à receita de impostos:

- nos últimos três anos, cresceu, aproximadamente, 15% (quinze por cento);

- as despesas da função educação cresceram 14,5% (quatorze vírgula cinco por cento);

- a complementação da receita do Fundeb aumentou em 28,8% (vinte e oito vírgula oito por cento);

- o salário educação teve um aumento de 33,63% (trinta e três vírgula sessenta e três por cento);

- o PIB per capita teve um crescimento de 17,9% (dezessete vírgula nove por cento) e ocupa o 3º lugar na composição do PIB do Estado;

- houve aumento do número de matrículas entre 2010 e 2016, de 44,9% (quarenta e quatro vírgula nove por cento) no ensino fundamental, e em torno de 151,2% (cento e cinquenta e um vírgula dois por cento) na creche, considerando que as matrículas na educação infantil eram em torno de mil alunos em 2009;

- aumentou o número de professores concursados no decorrer da série histórica, em, aproximadamente, 40% (quarenta por cento), quase na mesma proporção dos que foram aposentados;

- a persistência em manter o serviço temporário permanece quase na mesma proporção.

Vale ressaltar que, embora não seja obrigatório que a tabela de vencimentos acompanhe o aumento concedido ao PSPN na mesma proporção, a disparidade dificulta o cumprimento da meta 17 do PNE, apresentada

---

[44] Ver Tabelas 11 e 12.

no capítulo II deste livro. Em que pese a não obrigatoriedade quanto aos índices praticados pelo piso nacional, uma vez que o município já paga o PSPN, poderia acompanhar os percentuais, tomando-os como diretriz, e, com isso, asseguraria o cumprimento da meta nacional de maneira contínua.

Diversos estudos realizados no âmbito da educação apontam alternativas para tentar minimizar a problemática que perpassa pelo campo das políticas educacionais, contudo as proposições e discussões não são materializadas como se almeja. Vários são os fatores que contribuem para que as ações previstas em leis, planos, decretos e outros instrumentos legais não sejam concretizadas na prática. Entre esses, Davies (2012 p. 34) aponta que,]

> [...] com relação à sonegação fiscal e à corrupção endêmica no Brasil, não parece exagerado dizer que retiram da educação estatal alguns (talvez dezenas de) bilhões de reais por ano. As perdas também são causadas por artifícios ou medidas dos governos

Para Davies (2012), além das questões pontuadas, a política fiscal/econômica e a má utilização das verbas públicas pelas diferentes esferas de governo têm contribuído sobremaneira para que o gasto aluno não alcance o patamar desejado pelos movimentos sociais e por estudiosos e pesquisadores da área do financiamento da educação, como Pinto e Adrião (2006), Araújo (2016), Gemaque (2004), Gutierres (2010) e Gatti e Barreto (2009). Conforme Davies (2012), artifícios criados pelos próprios gestores públicos têm subtraído recursos da educação, e é preciso que se cumpra pelo menos a aplicação de percentuais mínimos previstos constitucionalmente.

Diante disso, o próprio texto da Conferência Nacional de Educação (Conae) apresenta remuneração apropriada e a formação continuada para os profissionais de educação, os materiais indispensáveis à aprendizagem dos discentes, a observância das desigualdades regionais e locais, resultando na prioridade às escolas "com menos acessos a esses recursos" (CONAE, 2010, p. 106). Segundo Araújo (2016, p. 169),

> Uma das decisões mais importantes do evento foi sobre a responsabilidade pela viabilização financeira do padrão mínimo de qualidade. Para a Conae, caberia à União a complementação de recursos financeiros a todos os estados e aos municípios que não conseguirem atingir o valor do CAQ. Tal proposta significaria uma mudança substancial de atitude deste ente federado na política de financiamento educacional, aportando muito mais recursos e garantindo condições para a diminuição das desigualdades territoriais existentes.

Para Davies (2012, p. 39),

> A discussão sobre o financiamento da educação estatal não ficaria completa se não relacionasse as responsabilidades educacionais das diferentes esferas de governo (o governo federal, o do Distrito Federal, os 26 governos estaduais e os mais de 5.560 municipais) com a sua disponibilidade de recursos.

Segundo o autor, existem discrepâncias entre os entes federados quanto às responsabilidades de cada um para com a educação. O governo federal, apesar de ficar com a maior parte dos recursos oriundos de impostos, nunca se comprometeu em financiar a educação básica para os brasileiros, sempre a deixando sob responsabilidade dos estados e dos municípios, que, em geral, não conseguem arcar com os gastos necessários para garantir educação de qualidade. Acreditar que apenas 60% dos recursos do Fundeb irão servir para valorizar os servidores do magistério público, de acordo com Davies (2012, p. 51),

> É um equívoco porque o Fundeb não representa a totalidade dos recursos vinculados, deixando de fora: (a) o salário-educação, (b) 25% (ou um percentual maior, se previsto como mínimo na Lei Orgânica) dos impostos municipais próprios (IPTU, ISS, ITBI) e do imposto de renda (IR) arrecadado pelas prefeituras, bem como 25% (ou um percentual maior, se previsto como mínimo na Constituição Estadual) do IR arrecadado pelo governo estadual, (c) 5% dos impostos do Fundeb que não entram na sua formação (ou a diferença entre os 20% dos impostos do Fundeb e o percentual mínimo fixado pela Lei Orgânica ou a Constituição Estadual, como é o caso de São Paulo, Rio Grande do Sul e outros Estados). Assim, os 60% não serão significativos por não tomarem como referência a totalidade dos recursos vinculados.

3.1.2 2º ato de implementação do PCCR alterou o parágrafo 1º do art. 21 e ampliou a jornada em até 40h semanais – ano 2011

O segundo ato ocorreu por meio da Lei Complementar n.º 2.471, de 3 de janeiro de 2011, que alterou o § 1º do Art. 21 da Lei n.º 2.355/2009, que previa a jornada máxima de 120h, sendo 100h para regência de classe e 20h reservadas para hora pedagógica (HP). Com a alteração, a jornada de trabalho dos servidores do magistério público fica assim definida:

Art. 1º - A **hora prestada a título de carga suplementar** de trabalho do docente prevista no **art. 21** da Lei Complementar nº 2.355, de 16 de janeiro de 2009, **tem caráter de vencimento,** correspondendo à diferença entre as horas da jornada de trabalho **fixada na sua lotação até o limite de 40h (quarenta horas) mensais.**

Parágrafo único. A remuneração da hora prestada como Carga Suplementar é igual à da hora da jornada de trabalho fixada na sua lotação, inclusive quanto a sua composição.

Art. 2º - Em razão do disposto no artigo 1º desta Lei Complementar, o parágrafo 1º do art. 21 da Lei Complementar nº 2.355, de 16 de janeiro de 2009, passa a vigorar com a seguinte redação:

Art. 21 – [...]

§1º. A hora prestada a título de carga suplementar de trabalho do docente prevista no caput deste art. tem caráter de vencimento e corresponde à diferença entre as horas da jornada de trabalho fixada na sua lotação até o limite de quarenta horas semanais, tendo a sua composição e remuneração igual a da hora da jornada de trabalho fixada na sua lotação (Redação dada pela Lei Complementar nº 2.471/11, grifos nossos).

Essa alteração no §1º do Art. 21 do PCCR/2009 instituiu a jornada máxima em 40h semanais em regência de classe e 8h para atividades pedagógicas; antes da mudança na lei, os professores tinham direito de serem lotados apenas com 20h em regência de classe e 4h em atividades pedagógicas, e as horas extrapoladas em regência eram pagas como "carga suplementar de trabalho" (como se o professor estivesse sempre substituindo a ausência de outro professor, por algum motivo previsto em lei). Apesar de serem descontados os encargos previdenciários dessas horas suplementadas, não eram contadas para efeito de aposentadoria. Além disso, sobre essas horas extrapoladas não recebiam férias, nem décimo terceiro.

Essas alterações no §1º do Art. 21 do PCCR/2009, na Jornada de Trabalho, foram conquistas da categoria, que, indignada com a precariedade a que era submetida, resolveu unir-se e lutar para modificar o plano, tendo em vista os direitos previstos não incidirem sobre a carga horária extrapolada. Nessa óptica, somente após a alteração na lei, os servidores do magistério público tiveram seus direitos assegurados de acordo com sua lotação e jornada de trabalho até o limite de 40h mensais.

Diante disso, Carneiro (2013, p. 484, grifos nossos) considera que,

> No contexto da valorização dos profissionais da educação, há que se garantir justa e adequada **jornada de trabalho,** devendo ser assegurado o tempo para planejamento, ensino, acompanhamento e avaliação do processo educativo, formação continuada, bem como piso salarial nacional para todos os professores e demais trabalhadores da educação [...].

Em que pesem as leis n.º 9.394/1996 (LDB), n.º 11.738/2008 (que instituiu o PSPN para os profissionais do magistério público da educação básica), n.º 2.355/2009 (PCCR) e n.º 2.729/2015 (aprova o PME) garantirem aos servidores públicos do magistério jornada de trabalho com tempo reservado para hora pedagógica, isso ainda não é cumprido pelo município de Ananindeua/PA. Todavia, foi instituída uma comissão formada por representantes da Semed e do Sintepp-subsede Ananindeua, por meio da Portaria n.º 89/2017, publicada no Dário Oficial do município, no dia 24 de maio de 2017. Essa comissão tem por finalidade:

> Art.2º [...]
> I- Elaborar documentos técnicos para a qualificação da proposta de Hora Pedagógica na RME de Ananindeua;
> II- Realizar estudos de impacto financeiro referente a implementação da Hora Pedagógica;
> III-Apresentar até o final do 1º semestre de 2017 a proposta de implementação da Hora Pedagógica, considerando os resultados dos estudos e discussões iniciadas no primeiro semestre de 2016[45].

As questões pontuadas não estão desconectadas das políticas públicas educacionais mais amplas. Segundo Masson (2012, p. 8), "[...] não é possível apreender o significado de uma política educacional sem a apreensão da lógica global de um determinado sistema de produção". Todavia,

> [...] uma determinada política educacional é um complexo que faz parte de uma totalidade social, por isso é importante o estudo da sua gênese, movimento e contradições. Isso significa que não se pode tratar da política educacional em seu aparente isolamento das outras manifestações sociais (MASSON, 2012, p. 8).

Diante disso, precisa ser verificada a conjuntura social, política e econômica ao analisar determinada política, pois ela não se dá a conhecer senão por uma análise profunda. Coutinho (2010, p. 37) considera que, "[...]

---

[45] Portaria nº 89/2017 - **Semed,** publicada no Diário Oficial do Município de Ananindeua/PA, em 24 de maio de 2017. Com a finalidade **de:** Art. 1º Instruir a Comissão de Sistematização da Proposta de Implementação da Hora Pedagógica nas **Escolas** da Rede Municipal de Ensino Fundamental – Anos Iniciais.

na época neoliberal, não há espaço para o aprofundamento dos direitos sociais, ainda que limitados [...]". Pelo contrário, a "contrarreforma" avança para retirar direitos sociais já conquistados; assim sendo, o que existe é a hegemonia da pequena política[46]. Se para os governos neoliberais ter uma carreira atraente no magistério é ter "privilégios", não é possível ignorar que a conjuntura requer disposição, organização e unidade por parte da classe trabalhadora.

3.1.3 3º ato de implementação do PCCR fixa os critérios para a obtenção da mudança na promoção horizontal – ano 2012

O terceiro ato de implementação ocorreu por meio do Decreto n.º 14.952, de 24 de abril de 2012. Ele teve por finalidade regulamentar o Art. 29 da Lei n.º 2.355, PCCR/2009. O decreto fixa os critérios para a obtenção da mudança na referência, observado o interstício de 3 (três) anos, conforme tabela do anexo IV do PCCR. Dessa forma, a promoção (por tempo de serviço) ocorre de três em três anos, após aprovação no estágio probatório, o que já era previsto no plano, porém não tinha regulamentação até a publicação do decreto.

Os critérios para a avaliação na promoção por tempo de serviço ficam assim definidos:

> Art. 2º -Serão definidos como critérios fixados para a obtenção da promoção pelos servidores do Magistério Público Municipal de Ananindeua:
> **Tempo mínimo de 3 (três) anos;**
> **Análise de desempenho individual;**
> **Assiduidade;**
> **Qualificação profissional (formação continuada);**
> **Não ter sofrido nenhum Processo Administrativo Disciplinar (PAD)** (Decreto- lei nº 14.952, de 24 de abril de 2012, grifos nossos).

Os itens estabelecidos como critérios para a movimentação do servidor na carreira não deixam claro, por exemplo, como o servidor será avaliado no critério **"análise de desempenho individual"**. Esse item evidencia a política da meritocracia presente no PCCR/2009, que, em certa medida, a depender de quem avalia, pode causar prejuízos aos trabalhadores. Segundo

---

[46] É quando se torna senso comum a ideia de que a política não passa da disputa pelo poder entre suas diferentes elites, que convergem na aceitação do existente como algo "natural" (COUTINHO, 2010, p. 31).

Vieira *et al.* (2013), esse tipo de ação exerce controle sobre os servidores do magistério e contribui para que os interesses do mercado financeiro se sobressaiam, reforçando a ideia mercadológica.

Sobre essa ótica, Vieira *et al.* (2013, p. 322) afirmam ser possível

> Carreiras bem estruturadas, condições de trabalho, de pesquisa e de estudos no ambiente escolar, salários dignos, participação efetiva da comunidade escolar na vida das instituições são fatores fundamentais para alcance de tal objetivo

Mediante tais ponderações, é possível estimular o desempenho profissional, desde que se lhes ofereçam condições para tal. Para Harvey (2008), o mercado regula o bem-estar humano de forma que tudo possa ser tratado como mercadoria. O sucesso e o fracasso são imputados ao interesse individual, pois somente a dedicação do sujeito à instrução é capaz de aperfeiçoar o capital humano.

Segundo Informativo do Sintepp de Ananindeua (2012), boletim intitulado "Governo Helder não cumpriu o acordo da greve", os acordos firmados em audiência no ano 2012 ficaram pendentes, conforme trecho extraído:

> O enquadramento por tempo de serviço, o reajuste do vale alimentação e a modificação do PCCR/2009, continuam sem respostas concretas. A secretária de educação limitou-se a informar que o Tribunal de Contas dos Municípios - TCM se manifestou contrário ao cumprimento da lei em período eleitoral, entretanto, a prefeitura nunca apresentou ao Sintepp este documento do TCM que comprova sua consulta. [...]

Sindical protocolou um ofício junto ao Tribunal Regional Eleitoral[47], porém a consulta realizada pelo governo municipal foi ao TCM. Desse modo, o governo municipal encerra o segundo mandato e não realiza o enquadramento de, aproximadamente, mil professores. Essa era uma promessa para o último ano de mandato; como não o fez, repassou o processo ao TCM, que o postergou e o retornou para o município, por meio de documento, declarando que não tinha competência para julgar o mérito.

Com relação a esse item do plano, percebe-se que, após quatro anos de implementação do PCCR/2009, o enquadramento na referência, até o final de 2012, não havia sido realizado de acordo com o que prevê a Lei n.º 2.355/2009. Houve apenas a regulamentação dos critérios.

---

[47] No período eleitoral, a entidade sindical formalizou consulta junto ao TRE sobre a possibilidade de o gestor municipal realizar enquadramento no referido ano, conforme o inciso VIII do Art. 73 da Lei n.º 9.504/1997. Essa ação foi orientada pelo governo municipal, como forma de ganhar tempo e confundir a categoria.

Vale ressaltar que o governo Helder Barbalho estabeleceu como:

> [...] compromisso garantir ao profissional da educação ascender na carreira, vertical e horizontalmente traduzindo, portanto, seus próprios esforços, com seu desempenho profissional e formação continuada, em benefícios pessoais e remuneração digna. Esta Secretaria Municipal de Educação está convicta de que [...] está escrevendo uma nova página na história de sucesso da educação, condições dignas de trabalho e ascensão profissional na rede[48].

Considera-se a aprovação da lei do novo plano significativa para os servidores do magistério público, porém foram necessárias várias ações para que houvesse a reformulação do PCCR, conforme exposto no Quadro 5 desta obra. A contradição é perceptível entre o que foi aprovado no texto da lei do PCCR/2009 e as ações implementadas na gestão do governo Helder Barbalho em favor dos servidores do magistério público; não conseguiu cumprir com o que foi aprovado em lei, reafirmada no trecho anterior, extraído da mensagem que o gestor municipal enviou à câmara de vereadores quando solicitou a aprovação do projeto de lei do PCCR/2009.

Portanto, o descumprimento de acordos nega a valorização e os servidores do magistério continuam a perceber baixos salários, se comparados aos de outros profissionais com o mesmo grau de instrução. Vale ressaltar que, apesar de o gestor municipal ter realizado o enquadramento na primeira referência da tabela de vencimentos, o que, em tese, significou avanço para os servidores do magistério, a concretização desse benefício ainda não ocorreu de forma plena.

3.1.4 4º ato de implementação do PCCR: instituição da comissão para realizar o enquadramento na promoção horizontal – ano 2013

Em 2013, quando inicia o primeiro mandato da gestão de Manoel Pioneiro, ocorreu a publicação da **Portaria nº 128/2013 – Semed**, que designou servidores das secretarias de Educação e Administração para realizar a promoção dos servidores do grupo magistério, amparada pela Lei n.º 2.355/2009. Essa comissão foi composta de seis membros ligados ao Poder Executivo, portanto não incluindo nenhum representante dos trabalhadores, deixando de observar o previsto no parágrafo único do Art. 58:

---

[48] Trecho extraído do documento n.º 62, de 17 de dezembro de 2008, enviado à Câmara Municipal de Ananindeua, solicitando a aprovação do Projeto de Lei nº 62/2008, referente ao PCCR/2009.

> Art. 58 - Fica criada a **Comissão de Gestão do Plano de Cargos, Carreiras e Remunerações do Magistério Público Municipal de Ananindeua**, como órgão de apoio técnico à Administração municipal, **com a finalidade de orientar a implementação e operacionalização do Plano de Cargos, Carreiras e Remunerações** do Magistério Público Municipal de Ananindeua, ora instituído, **em especial a aplicação dos critérios de avaliação de desempenho do servidor em estágio probatório**, nos termos do § 4º do art. 41 da Constituição Federal, e dos critérios para promoção na carreira. **Parágrafo único.** A Comissão de Gestão terá sua organização e forma de funcionamento definidas, complementarmente, por ato do Chefe do Executivo, sendo presidida pelo Secretário Municipal de Educação, observada a paridade entre representantes da Administração Municipal e **de entidades representativas do magistério público municipal** (ANANINDEUA, 2009, p. 15, grifos nossos).

A Portaria n.º 129/2013 – Semed foi publicada no Diário Oficial do Município no dia 27 de junho de 2013. Essa portaria instituiu a comissão para a realização da **avaliação do estágio probatório**, prevista no Estatuto dos Servidores Públicos do Município de Ananindeua, segundo a Lei n.º 2.177, de 18 de julho de 2005. Contudo, não foi respeitado o parágrafo único, art. 58 do PCCR/2009 dos servidores do magistério público, nem a Lei n.º 2.471, de 5 de janeiro de 2011, no que se refere aos critérios previstos nas referidas leis para compor a comissão de avaliação de desempenho dos servidores públicos do magistério. O descumprimento de normas aprovadas pela Câmara Municipal de Ananindeua previstas no PCCR/2009 fere o princípio democrático de direito, ao deixar de fora representantes do magistério público municipal, podendo comprometer a lisura do processo.

Desse modo, tendo em vista essa situação (4º ato), caso não se proceda à instalação e funcionamento da Comissão de Avaliação, o cumprimento do estágio probatório de todos os servidores do respectivo órgão passa a se vincular, apenas, ao atendimento do requisito temporal, motivo pelo qual, após o cumprimento dos três anos de efetivo serviço, a administração deverá proceder ao reconhecimento da estabilidade (PONTUAL, 2011).

Por fim, acrescenta-se que a EC 19/1998, modificando o Art. 41, CF/1988[49], inseriu a possibilidade de o servidor público perder o cargo mediante procedimento de avaliação periódica de desempenho, nos termos

---

[49] CF/1988, art. 41, "§ 1º. O servidor público estável só perderá o cargo: [...] – mediante procedimento de avaliação periódica de desempenho, na forma de lei complementar, assegurada ampla defesa. [...] § 4º Como condição para a aquisição da estabilidade, é obrigatória a avaliação especial de desempenho por comissão instituída para essa finalidade".

de lei complementar, além da exigência de uma avaliação especial de desempenho por comissão especialmente constituída para efeitos de obtenção da estabilidade por parte do servidor público.

Ainda sobre isso, o que se observa é a avaliação do servidor em estágio probatório ser realizada unicamente pela chefia imediata, sem a participação de comissão específica para esse fim, conforme previsto em lei. Nesse aspecto, a Lei n.º 8.112/1990 segue o mandamento constitucional previsto no Art. 41, § 4º, que determina que seja realizada comissão instituída para essa finalidade.

Outro ponto que merece destaque é a **Portaria** n.º **251/2013**, publicada no Diário Oficial do Município, em 25 de setembro de 2013, em que o gestor municipal concede promoção horizontal aos servidores públicos do quadro efetivo do grupo de magistério (professores e pedagogos). Diante disso, é possível observar que somente depois de transcorridos 5 (cinco) anos da aprovação da Lei n.º 2.355/2009 ocorreu o primeiro enquadramento na promoção horizontal, que, segundo o PCCR/2009, é a posição na referência que o servidor ocupa na escala de vencimento. Contudo, esse ato contradiz o que determinam os Art. 28 e 29, a seguir:

> Art. 28 - A movimentação do servidor dentro do Grupo Ocupacional dar-se-á **após sua aprovação no estágio probatório** por meio de:
> I - Promoção - é o deslocamento do servidor de uma referência para outra, dentro de um mesmo nível do cargo, observado o interstício de 3 (três) anos;
> ...
> Art. 29 - A promoção obedecerá a critérios a serem fixados por ato do Poder Executivo, no **prazo máximo de 180 (cento e oitenta) dias**, especificamente para a carreira do magistério, tomando por base os fatores relacionados ao desempenho no trabalho, à qualificação profissional através de cursos e a exames periódicos de aferição de conhecimentos pedagógicos e na área curricular em que o profissional do magistério exerce suas atividades.
> Parágrafo Único - A promoção não poderá ser concedida se o servidor não houver cumprido todo o período correspondente ao interstício, no efetivo exercício de suas funções de magistério na referência em que se encontrar (Lei 2355/2009, p. 7, grifos nossos).

Nota-se que os Art. 28 e 29 do PCCR/2009 orientam para a realização da movimentação do servidor do grupo de magistério após a sua aprovação no estágio probatório (três anos). Porém o Poder Executivo deveria ter fixado, no prazo de 180 dias, os critérios a serem observados pela comissão instituída para esse fim e não o fez. O Decreto n.º 14.952, que regulamentou a comissão, data de 24 de abril de 2012, ou seja, após 3 (três) anos da aprovação do PCCR/2009. O descumprimento da lei é visível quando se trata de garantir direitos aos servidores públicos.

Poulantzas (2000, p. 82) afirma que "frequentemente o Estado age transgredindo a lei-regra que edita, desviando-se da lei ou agindo contra a própria lei". Esse movimento se traduz em benefício do capital, pois retira recursos da classe trabalhadora para investir em setores da economia que permitam a manutenção desse tipo de gestão e suas respectivas intenções. Ao diminuir os gastos na área da educação, consequentemente se reduzem os gastos com a folha de pagamento, atingindo os servidores do magistério.

Nesse contexto, ocorreu o primeiro enquadramento na promoção horizontal concedido aos servidores do magistério, que obedeceu a seguinte ordem:

> - Servidores admitidos até **1994** serão processados na folha de pagamento do mês de **outubro/2013**;
> - Servidores admitidos a partir de **1995 a 2005** serão processados na folha de pagamento do mês de **novembro/2013**;
> - Servidores admitidos a partir de **2006 a 2010** serão processados na folha de pagamento do mês de **dezembro do corrente exercício** (Portaria, nº 251/2013 - Semed, grifos nossos).

Embora tenha sido realizado o enquadramento dos servidores em suas respectivas referências, observa-se que os valores relativos ao período de janeiro de 2009 a outubro de 2013 não foram repassados à maioria dos servidores, haja vista que haviam concluído o tempo estipulado para o cumprimento do estágio probatório, e outros tinham completado o tempo previsto para se aposentar (idade e tempo de serviço), porém aguardavam o enquadramento para solicitar a aposentadoria.

É inegável que a promoção horizontal trouxe ganhos significativos, pois foram acrescidos valores em seus vencimentos conforme o tempo de serviço e, com isso, melhoraram sobremaneira seu poder aquisitivo. Esta foi uma das reinvindicações da greve de 2013: que fossem enquadrados todos os servidores, ainda que escalonados e sem pagamento dos retroativos referentes a 1º de janeiro de 2009, quando o PCCR/2009 entra em vigor. No capítulo II do PCCR/2009, que trata do enquadramento, o Art. 60, § 2º, determina que: "o enquadramento produzirá efeitos somente a partir da publicação do respectivo ato". A primeira publicação do ato ocorreu em 2009, por meio da portaria n.º 398, publicada no Diário Oficial do Município de Ananindeua no período de 16 a 28 de fevereiro de 2009.

3.1.5 5º ato de implementação do PCCR altera os dispositivos do art. 150 da Lei nº 2177, de 7 de dezembro de 2005 sobre o quinquênio – ano 2014

O ato de que trata a Lei n.º 2.661, de 25 de março de 2014, tem a finalidade de alterar dispositivos da Lei n.º 2.177, de 7 de dezembro de 2005, Estatuto dos Servidores Públicos da Prefeitura Municipal de Ananindeua, e da Lei Complementar n.º 2.473, de 5 de janeiro de 2011, e dá outras providências.

A Lei n.º 2.661 dá nova redação ao art. 150 da Lei n.º 2.177/2005, que passa a vigorar com a seguinte redação:

> **Art. 150** – Após cada **quinquênio** ininterrupto de exercício, o servidor efetivo ou, ainda, o servidor que tiver adquirido a estabilidade nos termos do art. 19 do Ato das Disposições Constitucionais Transitórias, a título de prêmio por assiduidade e disciplina, fará jus a **três meses de Licença Premio** com vencimento do cargo, acrescido de vantagens de nível pessoal (Lei nº 2661, de 25 de março de 2014, p. 1, grifos nossos).

Sobre esse item, observa-se que o percentual do adicional por tempo de serviço de 5% (cinco por cento) sobre o vencimento básico dos servidores efetivos a cada 5 (cinco) anos ininterruptos de efetivo trabalho, por assiduidade e disciplina, tem se cumprido automaticamente; porém os três meses de licença como espécie de prêmio a quem fizer jus, de acordo com o estabelecido no **Art. 150**, não tem sido garantido. O governo municipal alega a falta de recursos para substituir o servidor no período do seu afastamento.

Cabe destacar que, ao final da carreira, considerando que o servidor consiga atingir entre 25 (vinte e cinco) a 30 (trinta) anos de efetivo trabalho, os adicionais podem alcançar percentuais entre 25% (vinte e cinco por cento) e 30% (trinta por cento), no máximo, ao final da carreira, acrescidos em suas remunerações decorrentes dessa vantagem. Em que pese o PCCR/2009 e leis correlatas definirem critérios para melhorar a remuneração dos docentes, na prática isso não se percebe, porque o reajuste na tabela de vencimentos é sempre vinculado ao nível I, referência 01. Sobre esse, é feito o cálculo para atualizar os demais. Portanto, quando o reajuste acompanha apenas o índice da inflação no período, não se tem ganhos reais.

Outro componente observado é a gratificação aos docentes que desempenham suas atividades laborais em territórios rurais. O direito é previsto tanto na lei orgânica do município (Lei n.º 942/1990) quanto no PCCR/2009, porém a regulamentação para sua garantia não foi encontrada no site oficial, tampouco publicada no Diário Oficial do Município.

> Art. 191- **Os professores que desempenharem suas atividades na área rural perceberão uma gratificação de dez por cento de vencimento-base**, a título de incentivo sobre seus vencimentos. (Lei Orgânica Municipal, nº 942, 4 de abril de 1990)
>
> ...
>
> Art. 45 - Além do vencimento e das gratificações e adicionais comuns a todos os servidores públicos municipais, o profissional do magistério fará jus às seguintes vantagens: a) **Gratificação pelo exercício do cargo em escola de difícil acesso, situada na zona rural, até o limite de 40%** (quarenta por cento) do vencimento, conforme regulamento aprovado anualmente por ato do titular da Secretária Municipal de Educação, ouvido a Comissão de Gestão do Plano de Carreira que considerará as dificuldades de transporte e de acesso e o deslocamento permanente; b) **Gratificação pelo exercício de direção** de unidade escolar[50] (Lei nº 2.355/2009, p. 11-12, grifos nossos).

Dessa forma, é possível relacionar vantagens pecuniárias[51] descritas e concedidas aos servidores do magistério público municipal, bem como o montante que as gratificações acrescem ao valor do vencimento básico, como uma compensação ao baixo patamar da remuneração.

Masson (2017) aponta vários problemas que impedem os profissionais da educação de ascender na carreira. Entretanto, aponta alguns itens que julgo importantes para valorizar os servidores do magistério, como:

---

[50] A gratificação para quem ocupa cargo de direção e vice-direção vem sendo paga a depender do porte da unidade escolar, podendo chegar até 100% (cem por cento do vencimento básico) de gratificação para a função de direção, porém o vice tem apenas 30% de gratificação, independentemente do número de alunos.

[51] As vantagens pecuniárias são acréscimos ao vencimento do servidor, concedidos a título definitivo ou transitório, pela decorrência do tempo de serviço (*ex facto temporis*), ou pelo desempenho de funções especiais (*ex facto officii*), ou em razão das condições anormais em que se realiza o serviço (*propter laborem*), ou, finalmente, em razão de condições pessoais do servidor (*propter personam*). Disponível em: https://bmsf.jusbrasil.com.br/.../a-remuneracao-de-contribuicao-do-servidor-publico. Acesso em: 18 jan. 2018.

> [...] a importância da remuneração e da ascensão na carreira profissional, a partir da formação, desde o ingresso; da passagem de um nível para outro da carreira sem exigência de um tempo prolongado; da remuneração, ao final da carreira, significativamente maior do que o vencimento inicial; da consideração das condições de vida no local na definição da remuneração, a fim de que o rendimento do professor seja compatível com o custo de vida; da perspectiva de se chegar ao final da carreira para o coletivo dos professores e não apenas para uma minoria (MASSON, 2017 p. 13).

Considero que esses itens propostos podem se configurar em atrativos para os profissionais do magistério, contudo não basta ter garantido o direito se não houver comprometimento dos que administram a máquina pública em planejar adequadamente o orçamento público. É preciso que os trabalhadores compreendam o sentido de manter a unidade, mesmo em meio às adversidades, do contrário não haverá mudanças significativas para a classe trabalhadora.

3.1.6 6º ato de implementação do PCCR concede 50% de gratificação para os professores em atividade na educação especial – ano 2014

Esse ato regulamenta a gratificação aos servidores do magistério público que atendem os estudantes da rede municipal com matrícula na educação especial. Foi acrescentada a alínea "d" ao Art. 45, que trata das demais gratificações previstas no plano. Em 30 de junho 2014, a Lei n.º 2.689 foi sancionada; essa acrescenta o dispositivo na Lei n.º 2.355, de 16 de janeiro de 2009, do Plano de Cargos, Carreiras e Remunerações dos Servidores Magistério Público Municipal, para garantir o direito assim definido:

> Art. 1º - Fica concedida aos professores em atividades na Educação Especial, gratificação de 50% (cinquenta por cento) do seu vencimento.
> Art. 2º - Em razão do disposto no art. 1º desta lei fica acrescida à alínea "d" ao art. 45, Seção I – Das Vantagens da Lei nº 2.355, de 16 de janeiro de 2009 com a seguinte redação:
> "Art. 45 – [...]
> d) Gratificação de 50% (cinquenta por cento) do vencimento para os servidores do magistério público municipal, em atividade na área da educação especial"[52]

---

[52] Disponível em: http://www.ananindeua.pa.gov.br/public/arquivos/legislacao/LEI_No._2.689_DE_30_DE_JUNHO_DE_2014.pdf. Acesso em: 10 dez. 2017.

Importa ressaltar que os benefícios estabelecidos por meio da gratificação de 50% (cinquenta por cento) aos professores que atuam no Atendimento Educacional Especializado (AEE) foram resultado de greve, mas sobretudo, incentivo e reconhecimento para os que ousam dedicar-se à educação das diferenças. O benefício foi concedido por meio da Portaria n.º 264, de 2 de dezembro de 2014, e aproximadamente 48 (quarenta e oito) docentes (efetivos e temporários) passaram a receber a gratificação.

O boletim informativo do Sintepp-subsede Ananindeua divulgado no mês de março de 2015 confirma a conquista dos docentes lotados no AEE, ao relatar que:

> Nossa forte greve ano passado foi exemplo disso, quando arrancamos do governo o "bônus" do Fundeb, cujo recurso foi identificado e cobrado por nosso sindicato. Assim também foi a conquista da gratificação de 50% para quem atua Educação Especial [...] (Informativo do Sintepp-subsede Ananindeua, março/2015)

Nesse sentido, Masson (2012, p. 9) corrobora ao afirmar que:

> [...] uma política educacional requer, para a apreensão de sua essência, considerar a correlação de diferentes forças no processo pelo qual se define e se implementa uma política. Tal processo é marcado por interesses econômicos, políticos e ideológicos, já que a política educacional não se define sem disputas, sem contradições, sem antagonismo de classe.

Apesar dos poucos avanços, ocorridos por meio da implementação de ações como as apresentadas, Masson (2012) nos leva a refletir que determinada política ganha destaque e força de acordo com o momento histórico em que é concebida, pois os desafios e as disputas, no campo educacional, são imensos.

Outro item foi observado na Lei Orgânica do Município, que, em seu art. 200, trata da organização da jornada de trabalho dos profissionais que atuam na Educação Especial. De acordo com a referida lei:

> Art. 200 - Os profissionais de educação que atuarem com Educação Especial, será constituído de uma ou duas jornadas de trabalho, **acrescido de cinquenta por cento do tempo para estudo**, pesquisa e planejamento de atividades, visando à ação docente com qualidade requerida, como fundamental no atendimento aos portadores de necessidades especiais (Lei Orgânica Municipal, nº 942, 4 de abril de 1990).

Importa mencionar que, apesar de prevista na LOM, a organização da jornada de trabalho para os profissionais da educação especial não foi encontrada em documentos oficiais a regulamentação orientando o formato dessa hora pedagógica de que trata o art. 200. Portanto, a hora pedagógica prevista na Lei n.º 942/1990 não foi regulamentada, tampouco concedida a esses profissionais da educação especial.

3.1.7 7º ato de implementação do PCCR concede bolsa de aprimoramento aos servidores inscritos em programa de aperfeiçoamento do magistério – ano 2016

A sétima ação implementada ocorre com o Decreto-Lei n.º 17.097, de 16 de agosto de 2016. Esse decreto "dispõe sobre a regulamentação do Art. 55, da Lei n.º 2.355, de 16 de janeiro de 2009, para concessão de bolsas de estudo aos servidores inscritos no programa de aperfeiçoamento do magistério". A bolsa aprimoramento já tinha amparo legal, em lei tanto federal quanto municipal, conforme observado no Art. 67, II, da Lei Federal n.º 9.394, de 20 de dezembro de 1996 (LDB), e no Art. 55 da Lei Municipal n.º 2.355, de 16 de janeiro de 2009. Contudo, não havia sido regulamentada no município de Ananindeua até então.

Tendo em vista o amparo legal, a necessidade de qualificação dos servidores públicos do magistério e o atendimento às demandas ora solicitadas, a Semed resolve atender ao pleito. Assim, estabelece:

> Art. 1º - Fica instituída no âmbito do município de Ananindeua a bolsa de estudos no país para o programa de aprimoramento profissional, voltado ao quadro efetivo do magistério público municipal com os seguintes valores: **Mestrado – R$ 1.500,00; Doutorado – R$ 2.200,00; Pós doutorado – R$ 4.100,00.**
>
> Art. 2º - A Secretaria Municipal de Educação deverá instruir os pedidos da concessão da bolsa de que trata o art. 1º deste Decreto com os documentos de identidade e CPF/MF do profissional, projeto na área educacional.
>
> § 1º. **O pagamento das bolsas será efetuado mediante apresentação da ficha de frequência do servidor beneficiado, devidamente chancelada pela Diretoria da entidade** a qual se vincula o seu curso e o número da conta bancária, mensalmente até o dia 5, data estabelecida para fechamento da folha de pagamento dos servidores municipais.

> § 2º. O profissional que possua **mais de duas faltas injustificadas perderá o direito de receber a bolsa de estudos do mês** correspondente, sendo vedado à Secretaria Municipal de Educação autorizar o pagamento.
>
> ...
>
> Art. 4º - Caso o profissional do magistério não venha a cumprir com as determinações do programa, a Secretaria Municipal de Educação informará ao Prefeito, ao Ministério da Educação e ao Sindicato dos Trabalhadores em Educação no Estado do Pará, se for o caso para adoção das medidas legais cabíveis.
>
> Art. 5º - As despesas decorrentes com a execução deste Decreto correrão à conta da **dotação orçamentária própria e de orçamentos do Fundeb e Salário Educação** (Decreto-lei nº 17.097, de 16 de agosto de 2016, grifos nossos).

Embora o PCCR/2009 tenha sido construído colocando em evidência a necessidade de haver bolsa aprimoramento aos profissionais do magistério, esse recurso só foi disponibilizado em 31 de agosto de 2016. Nesse sentido, é perceptível que somente após 7 anos da determinação legal o direito realmente foi colocado em prática, beneficiando a categoria.

Além disso, é possível verificar que o Estado é deficitário e compromete o andamento do ensino público por negligenciar a existência de leis inerentes ao desenvolvimento dessa área. Esse fato pode ser ratificado pelo texto constitucional:

> Art. 206. O ensino será ministrado com base nos seguintes princípios: [...] V - valorização dos profissionais da educação escolar, garantidos, na forma lei, planos de carreira, com ingresso exclusivamente por concurso público de provas e títulos, aos dar redes públicas (Redação dada pela Emenda Constitucional nº 53, de 2006).

Nesse tocante, o texto constitucional reflete que é importante a formação continuada dos profissionais de educação, pois esses, para ascender na carreira, precisam de qualificação. A prova de títulos exigida para ingresso no serviço público exemplifica esse processo, além de que, sem a devida qualificação, o professor não consegue mudar de nível baseado no mérito acadêmico, conforme prevê a Lei n.º 2.355/2009.

Sendo assim, a qualificação é um instrumento positivo que cria um leque de possibilidades aos servidores do magistério público, principalmente para os que estão envolvidos diretamente com o ensino.

Por isso, a regulamentação do Art. 55 da lei do PCCR/2009, que estabeleceu os critérios para a concessão da bolsa aprimoramento, foi uma conquista, a qual incentiva a qualificação, sendo fundamental ao desenvolvimento do ensino, pois amplia possibilidades de atuação e capacita o professor. Esse desenvolvimento é descrito por Masson (2012, p. 4):

> A partir do exposto, percebemos que no enfoque marxiano, as categorias como totalidade, práxis, contradição e mediação são tomadas do método dialético a fim de que a realidade seja considerada como totalidade concreta, ou seja, um todo estruturado em desenvolvimento. Captar a realidade em sua totalidade não significa, portanto, a apreensão de todos os fatos, mas um conjunto amplo de relações, particulares e detalhes que são captados numa totalidade que é sempre uma totalidade de totalidades [...].

Tem-se que a contradição é desenvolvida pelo ato de luta por legitimação de direitos constitucionais. O PCCR é uma forma de luta autêntica que reivindica socialmente os deveres do município para com os servidores do magistério público. Em meio a isso, a práxis como modo de dialética, defendida por Marx, permite aos cidadãos uma forma de diálogo mais próxima às instituições de ensino público, o que leva a uma descentralização das decisões e corrobora o dever inclusivo da educação, que, de acordo com Masson (2012, p. 7), tem-se como:

> [...] uma política pública, de corte social, por isso, a análise de uma política educacional [...] deve incluir três elementos que seriam considerados básicos: uma justificação para considerar o problema que vai ser abordado; um propósito do sistema educacional; e uma teoria de educação, que consiste num conjunto de hipóteses de como o propósito será alcançado [...].

Nesse sentido, outra forma inerente ao trabalho em questão se revela por meio da totalidade, citada *a priori*, que amplia o cenário em discussão para que possa, com o tempo, ampliar diálogos em busca de soluções abrangentes. O problema social decorrente da não aplicabilidade do Plano de Cargos Carreira e Remuneração revela essa necessidade de atuação mais incisiva dos profissionais de educação.

Assim, as políticas públicas se revelam como mediação e podem transformar realidades. Essas iniciativas governamentais precisam existir, visto que são um modo de agregar pessoas e instituições e, ainda, mediar formas de interação. A querela em questão analisa como primordial uma ação voltada para a remuneração dos professores e evidencia com números a sua importância. A mediação marxista é um modo de mediar e entrar em consenso com as mais diversas realidades, permitindo que os seres envolvidos criem e destruam formas até alcançar a perfeição (MASSON, 2012).

3.2 Efeitos das alterações na carreira e remuneração do magistério em Ananindeua/PA

Considera-se que o PCCR/2009 foi uma conquista que garantiu direitos aos servidores do magistério público, apesar de ainda não ter produzido os efeitos tão almejados pelos trabalhadores com relação: à jornada de trabalho incluindo 1/3 para atividades complementares ao ensino mencionadas neste capítulo; à remuneração condigna; à estrutura física ambiental adequada à realização do trabalho docente, qualificação profissional, tendo em vista o bom desempenho da função e progressão na carreira do magistério público; ao alinhamento da tabela de vencimento básico do PCCR/2009, de acordo com os índices anuais de reajustes do PSPN, entre outros.

Diante disso, as informações do Quadro 7 sobre os percentuais de reajuste revelam que: nos anos 2009 e 2010 não foram encontrados documentos que comprovassem os reajustes referentes a esses anos, portanto pode-se dizer que não houve nenhum. Em 2011, foram reajustados os vencimentos básicos da tabela anexa à Lei n.º 2.355 (PCCR/2009), entretanto não se levou em consideração o índice anual publicado de acordo com a lei do PSPN. O governo municipal utilizou o índice oficial da inflação no período, que ficou em 9%, ou seja, não acompanhou o percentual repassado ao PSPN, que foi de 15,85% no referido ano. Em 2012 ocorreu da mesma forma – conforme Decreto n.º 14.953 (ver Quadro 7): levou-se em consideração o índice da inflação no período de 5,23%, desconsiderando, portanto, o índice de reajuste do PSPN, que foi de 22,22%.

As perdas acumuladas somente nos últimos anos do governo Helder Barbalho, se considerarmos os percentuais de reajuste do PSPN, somam 31,37%. Considera-se que o não repasse significa redução do poder aquisitivo dos docentes, tendo em vista que a carreira prevista na Lei n.º 2.355 está vinculada ao aumento no vencimento básico na tabela de vencimentos — anexo V do PCCR/2009. Ou seja, se não houver correção da tabela de vencimentos, a promoção horizontal e a progressão vertical na carreira ficam comprometidas do ponto de vista da remuneração. Além disso, não foi observado, nesses quatro últimos anos de mandato do governo em questão, o enquadramento na promoção horizontal e vertical previsto no plano de carreira.

Quadro 7 – Revisão/correção da tabela de vencimentos, anexo V do PCCR de 2009 de Ananindeua/PA entre 2009 e 2016

Ano	Decreto	Percentual de reajuste
2009	Nada consta	-
2010	Nada consta	-
2011	Não encontrado (mas existe percentual)	**Percentual de 9%**
2012	DECRETO 14.953, DE 24 DE ABRIL DE 2012. Dispõe sobre a correção das Tabelas de Vencimentos/Salários do Município, para reposição de perda salarial no exercício de MARÇO/2011 a MARÇO/2012.	Fica corrigida a composição da Tabela de Vencimentos do Plano de Cargos Carreiras e Remuneração dos Servidores do Magistério Público Municipal, instituído pela Lei nº 2.355, de 16 de 2 janeiro de 2009, no **percentual de 5,23%** correspondente ao índice oficial da inflação no período apurado pelo IPC-A, do Instituto Brasileiro de Geografia e Estatística-IBGE
2013	DECRETO Nº 15.439, DE 24 DE ABRIL DE 2013. Dispõe sobre a correção da Tabela de Vencimentos do Plano de Cargos Carreira e Remuneração dos Servidores do Magistério Público Municipal, instituído pela Lei nº 2.355, de 16 de janeiro de 2009, para reposição de perda salarial no exercício de MARÇO/2012 a MARÇO/2013.	Fica corrigida a composição da Tabela de Vencimentos do Plano de Cargos Carreira e Remuneração dos Servidores do Magistério Público Municipal, instituído pela Lei nº 2.355, de 16 de janeiro de 2009, no **percentual de 9%**, correspondente a valor superior ao atribuído pelo índice oficial da inflação no período apurado pelo IPC-A, do Instituto Brasileiro de Geografia e Estatística-IBGE.
2014	LEI Nº 2.680, DE 27 DE MAIO DE 2014. Dispõe sobre a revisão da remuneração dos servidores do magistério público municipal de Ananindeua, altera dispositivos da Lei nº 2.355, de 16 de janeiro de 2009.	Parágrafo único – **A diferença de 9%** (nove por cento) que constitui o aumento disposto no Anexo I desta lei será **paga retroativamente a partir de fevereiro** do corrente ano, ficando o Poder Executivo autorizado a adimpli-lo de uma só vez.

Ano	Decreto	Percentual de reajuste
2015	LEI Nº 2.716, DE 23 DE ABRIL DE 2015. Dispõe sobre a revisão da remuneração dos servidores do magistério público municipal de Ananindeua, altera dispositivos da Lei nº 2.355, de 16 de janeiro de 2009.	Parágrafo único - **A diferença de 8,84%** (oito vírgula oitenta e quatro por cento), que constitui o aumento disposto no Anexo I desta lei, será **paga retroativamente, a partir de janeiro** do corrente ano, ficando o Poder Executivo autorizado a adimplir o pagamento do valor retroativo, parceladamente, nos meses de maio, junho e julho de 2015.
2016	LEI Nº 2.770, 22 DE MARÇO DE 2016. Dispõe sobre a revisão da remuneração dos servidores do magistério público municipal de Ananindeua, altera dispositivos da Lei nº 2.355, de 16 de janeiro de 2009.	Parágrafo único - **A diferença de 11,67%** (onze vírgula sessenta e sete por cento), que constitui o aumento disposto no Anexo I desta lei, será **pago retroativamente, a partir de janeiro** do corrente ano, ficando o Poder Executivo autorizado a adimplir o pagamento do valor retroativo, parceladamente, nos meses de março e abril de 2016.

Fonte: Diário Oficial Municipal de Ananindeua. Disponível em: http://www.ananindeua.pa.gov.br/Semed. Acesso em: 5 jul. 2016

Por fim, observa-se que os reajustes não foram retroativos a janeiro, como previsto na Lei n.º 11.738[53], que expressa: "art. 5º o **piso salarial** profissional nacional do magistério público da educação básica **será atualizado, anualmente, no mês de janeiro** a partir do ano de 2009" (grifos nossos), e não a contar de março, como verificado no Quadro 7. Consideram-se como efeitos negativos os percentuais repassados porque não seguiram os índices de reajustes estabelecidos pela lei do PSPN, o que configurou prejuízo na remuneração dos servidores do magistério público de Ananindeua/PA.

Vale ressaltar que, em 2013, inicia o primeiro mandato do governo de Manoel Antunes (Pioneiro), quando esse retorna ao Poder Executivo. O Quadro 7 mostra que, nesse ano, o reajuste na tabela de vencimento básico continua sendo pelo índice oficial da inflação no período, apurado pelo

---

[53] A Lei n.º 11.738, de 16 de julho de 2008, regulamenta a alínea "e" do inciso III do caput do art. 60 do Ato das Disposições Constitucionais Transitórias, para instituir o piso salarial profissional nacional para os profissionais do magistério público da educação básica.

IPC-A, e fica acima do índice de reajuste do PSPN. O Decreto n.º 15.439 confirma o reajuste de 9,00% (nove por cento) – e o PSPN foi reajustado em 7,97% (sete vírgula noventa e sete por cento) –, porém não repõe as perdas acumuladas nos anos anteriores à sua gestão.

No ano 2014, a revisão da tabela de vencimento básico foi reajustada em 9% (nove por cento), com retroativo a fevereiro, pago em única parcela, enquanto o piso nacional foi reajustado em 8,32% (oito vírgula trinta e dois por cento); em que pese ter sido 0,68% (zero vírgula sessenta e oito por cento) a mais, ainda não repõe as perdas dos anos anteriores.

Em 2015, a tabela de vencimentos básicos foi atualizada em 8,84% (oito vírgula oitenta e quatro por cento), conforme o Quadro 9; o pagamento de retroativo referente aos meses de janeiro a março foi parcelado e pago nos meses de maio, junho e julho. Nesse mesmo ano, o reajuste do PSPN foi de 13,01% (treze vírgula zero um por cento), acarretando perda de 4,17% (quatro vírgula dezessete por cento).

Em 2016, a revisão da tabela de vencimento anexa ao PCCR/2009 foi de 11,67% (onze vírgula sessenta e sete por cento) e os retroativos referentes aos meses de janeiro a fevereiro foram pagos parceladamente nos meses de março e abril. O PSPN foi atualizado em 11,36% (onze vírgula trinta e seis por cento); apesar de o reajuste concedido ter sido de 0,31% (zero vírgula trinta e um por cento) a mais que o do PSPN, ainda assim não conseguiu repor os prejuízos acumulados na gestão do prefeito Helder Barbalho.

Diante desse cenário, vale ressaltar que a Lei n.º 11.494/2007 postula que seja calculado considerando o crescimento do "valor anual mínimo por aluno referente aos anos iniciais do ensino fundamental urbano", o que não ocorreu, de acordo com o Quadro 9 ora analisado. Os reajustes deveriam ter obedecido aos critérios a seguir:

> Art. 5º O piso salarial profissional nacional do magistério público da educação básica será atualizado, anualmente, no mês de janeiro, a partir do ano de 2009.
> **Parágrafo único. A atualização** de que trata o caput deste art. **será calculada utilizando-se o mesmo percentual de crescimento do valor anual mínimo por aluno referente aos anos iniciais do ensino fundamental urbano,** definido nacionalmente, nos termos da Lei nº 11.494, de 20 de junho de 2007.
> Art. 6º A União, os Estados, o Distrito Federal e **os Municípios deverão elaborar ou adequar seus Planos de Carreira e Remuneração do Magistério até 31 de dezembro de**

2009, tendo em vista o cumprimento do piso salarial profissional nacional para os profissionais do magistério público da educação básica, conforme disposto no parágrafo único do art. 206 da Constituição Federal (BRASIL, Lei 11.738/08, grifos nossos).

Desse modo, a desobediência ao parágrafo único do Art. 5º teve reflexo negativo para os servidores do magistério, como é possível inferir: de 2009 a 2016, os percentuais acumulados totalizaram, aproximadamente, 33,52% (trinta e três vírgula cinquenta e dois por cento), se considerados os índices de reajuste estabelecidos pela lei do PSPN nesse período. A tabela de vencimentos, anexo V, da Lei n.º 2.355/2009, quando reajustada, não seguiu a mesma lógica de reajuste do Piso Salarial Profissional Nacional, principalmente no governo de Helder Barbalho.

Os gráficos a seguir revelam a evolução da faixa de vencimento básico, conforme previsto na tabela anexa ao plano de carreira objeto deste estudo. Entende-se que ocorreu crescimento significativo no período de transição, tendo em vista que o vencimento para 40h semanais era relativamente baixo em 2008, quando os servidores do magistério público do município foram enquadrados no PCCR, em janeiro de 2009, como mostrado. Porém nos anos seguintes o crescimento foi tímido.

Gráfico 5 – Evolução do vencimento básico dos professores nível II da rede municipal de Ananindeua– 2008-2016

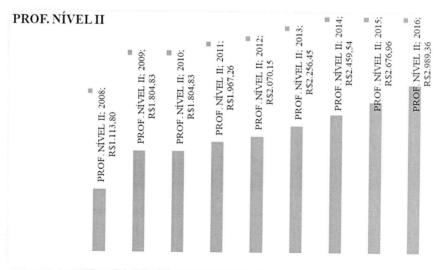

Fonte: tabela de vencimentos 40h semanais

Gráfico 6 – Evolução do vencimento dos professores nível III da rede municipal de Ananindeua - 2008-2016

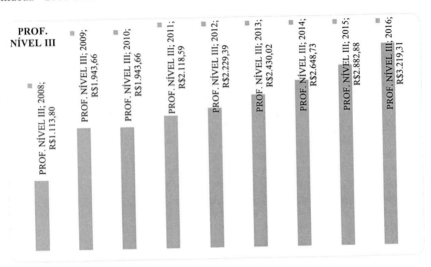

Fonte: tabela de vencimentos 40h semanais

Gráfico 7 – Evolução do vencimento dos professores nível IV da rede municipal de Ananindeua (2008 - 2016)

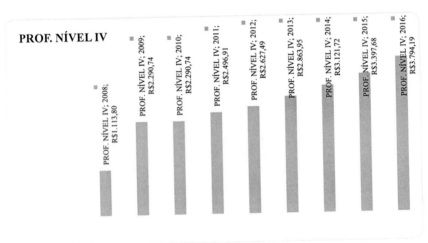

Fonte: tabela de vencimentos 40h semanais

Gráfico 8 – Evolução do vencimento dos professores nível V da rede municipal de Ananindeua/PA – 2008-2016

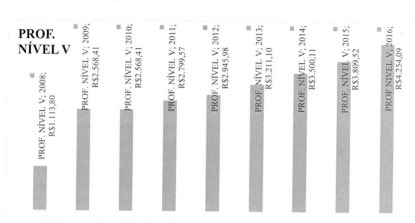

Fonte: tabela de vencimentos 40h semanais

A Lei n.º 11.738[54], que trata do piso salarial nacional do magistério, não prevê nenhuma penalidade anunciada para os entes federados que descumprirem a legislação. Com isso, vários estados e municípios, por dificuldades diversas, ainda não cumprem o pagamento do piso salarial nacional do magistério, ou pagam o piso e não asseguram ao docente cumprir 1/3 de sua jornada com atividades extraclasse, como é o caso do município de Ananindeua.

Diante da complexidade, pode-se dizer que cabe ao Ministério Público, por ação própria ou denúncia, por meio dos cidadãos que se sentirem lesados, vigiar o bom emprego da lei. Os profissionais do magistério público que observarem prejuízos quanto ao não cumprimento do texto legislativo podem recorrer à justiça e entrar com uma ação contra o estado ou município que estiver violando a legislação.

> Art. 4º A União deverá complementar, na forma e no limite do disposto no **inciso VI do caput do art. 60 do Ato das Disposições Constitucionais Transitórias** e em regulamento, a integralização de que trata o art. 3º desta Lei, nos casos em que o ente federativo, a partir da consideração dos recursos constitucionalmente vinculados à educação, não tenha disponibilidade orçamentária para cumprir o valor fixado.

---

[54] Disponível em: http://www.planalto.gov.br/ccivil_03/_ato2007-2010/2008/lei/l11738.htm. Acesso em: 24 jan. 2018.

> § 1º O ente federativo deverá justificar sua necessidade e incapacidade, enviando ao Ministério da Educação **solicitação fundamentada, acompanhada de planilha de custos comprovando a necessidade da complementação** de que trata o caput deste artigo.
>
> § 2º **A União será responsável** por cooperar tecnicamente com o ente federativo que não conseguir assegurar o pagamento do piso, de forma **a assessorá-lo no planejamento e aperfeiçoamento da aplicação de seus recursos** (BRASIL, 2008, grifos nossos).

Percebe-se que, no Art. 4º da Lei n.º 11.738, indica-se que a União complete as verbas dos entes federativos (estados, municípios e Distrito Federal) que não tenham condições de arcar com os valores do pagamento do piso nacional do magistério, mediante a constatação da insuficiência de recursos.

No § 2º, a lei também estipula que o governo federal será responsável por cooperar tecnicamente com os estados e municípios que não conseguirem assegurar o pagamento do piso, por meio de assessoramento no planejamento e aperfeiçoamento da aplicação de seus recursos. Além disso, tem-se o Fórum Permanente para o Acompanhamento da Atualização Progressiva do Valor do Piso Salarial Nacional para os Profissionais do Magistério Público da Educação Básica, constituído por representantes do Conselho Nacional de Secretários de Educação (Consed), da União Nacional dos Dirigentes Municipais de Educação (Undime), da Confederação Nacional dos Trabalhadores em Educação (CNTE) e do Ministério da Educação[55].

Contudo, o que se percebe é que, no financiamento da educação pública brasileira, instituído pela reforma do Estado e Fundeb, a partir dos anos 1990, em certa medida, continua a predominar a lógica da racionabilidade financeira para a educação e a qualidade subordinada à quantidade dos recursos previstos nos orçamentos, igual ao estabelecido para calcular o "gasto-aluno-ano" do Fundeb. Essa forma de financiamento da educação pública está relacionada com o intenso processo de reforma preconizado, principalmente, pelo Banco Mundial, abordando o direito à educação diante da perspectiva economicista da política de ajuste fiscal (ARAÚJO, 2016; PINTO, 2015; GEMAQUE, 2004; GUTIERREZ, 2010).

---

[55] Disponível em: https://undime.org.br/noticia/21-12-2017-10-00-piso-salarial-do-magisterio-para-2018. Acesso em: 12 jan. 2018.

Nessa perspectiva, a nota divulgada pelo Fineduca sobre "A volta do Banco Mundial e o relatório 'Um Ajuste Justo': desajuste injustificável e ineficiente iníqua – proposta para desorganizar a educação brasileira"[56] revela a política de ajuste fiscal de modo "técnico e neutro", orientada pelo BM ao governo brasileiro, e afirma que:

> O governo brasileiro gasta mais do que pode e, além disso, gasta mal; [...] Ao longo das duas últimas décadas, o Brasil observou um consistente aumento dos gastos públicos, o que agora coloca em risco a sustentabilidade fiscal; [...] este estudo tenta mostrar como tal priorização [ajuste gradual dos gastos públicos] pode ser realizada de forma a proteger os mais pobres e vulneráveis e minimizar os impactos negativos sobre os empregos e a prestação de serviços públicos. [...] A fonte mais importante de economia fiscal de longo prazo é a reforma da previdência (FINEDUCA, 2017).

Nesse tocante, o governo brasileiro, considerado "ilegítimo" pela Fineduca, transforma a necessidade de mudanças na esfera público-fiscal e se restringe à redução de gastos inerentes às políticas sociais. O Banco Mundial, em pesquisas encomendadas pelo Estado, sugestiona que os cortes devam ser feitos nas porcentagens mínimas, já reservadas à educação, e afirma que isso mudará depois que os gastos forem equacionados. Todavia, os efeitos e as consequências de um processo que abarrota as salas de aula são irreversíveis para os estudantes que por ele passam, assim como para uma melhora no ensino, que deveria se estabelecer com os anos. Desse modo, a solução referente à diminuição de verbas educacionais que coloca como fim o aumento de alunos por professor é mais um exemplo de que o Brasil, quando necessário, negligencia suas escolas, sem responsabilidade para com as gerações futuras.

Por fim, para Araújo (2016, p. 147), os recursos oriundos do Fundeb, em que pese a

> [...] redução das distâncias entre os fundos estaduais, o que demonstra um maior equilíbrio na repartição dos recursos do fundo, a existência de recursos não participantes deste fundo e, os mesmos se mantendo em patamares de desigualdade grande, tornam presentes que, somados todos os recursos disponíveis, a educação de fato oferecida pelos municípios

---

[56] Nota Fineduca. Diretoria da Fineduca, 12 de dezembro de 2017. Desenvolvida pela Associação Nacional de Pesquisa em Financiamento da Educação. Disponível em: http://www.fineduca.org.br. Acesso em: 5 jan. 2018.

> em cada estado e em cada região convive com índices de desigualdade bem maiores do que os que são identificados analisando apenas os recursos bloqueados pelo Fundeb.

Diante disto, pode-se dizer que, infelizmente, o regime de colaboração entre os entes federados previsto na CF/1988 ainda não é observado, quando se trata de garantir os custos para manutenção do ensino público aos munícipes. Araújo (2016) aponta diminuição das disparidades entre os fundos estaduais, contudo a desigualdade entre os municípios é alarmante. Em Ananindeua/PA não é diferente, o investimento na educação depende da complementação do fundo, conforme a Tabela 11 do capítulo II deste trabalho; o município recebeu de complementação mais de 50% (cinquenta por cento) em 2016, mais do que contribuiu. Desse modo, a luta pela garantia de direitos à educação continua sendo um viés para o cumprimento da meta 20 do PNE e para a implementação imediata do Custo Aluno Qualidade inicial (CAQi) (PINTO, 2007; ARAÚJO, 2016).

CONSIDERAÇÕES FINAIS

O estudo do Processo de Implementação do Plano de Cargos, Carreira e Remuneração dos professores no município de Ananindeua (Lei n.º 2.355/2009) possibilitou a reflexão sobre a aplicabilidade dos direitos previstos no texto da lei objeto deste estudo, e tentou responder às seguintes questões: houve alterações legais na implementação do PCCR dos servidores do magistério público do município de Ananindeua, Pará, no que concerne à carreira e à remuneração, no período de 2009 a 2016? Como se deu o processo de implementação do PCCR dos servidores do magistério público do município de Ananindeua (Lei n.º 2.355/2009)?

Esta pesquisa teve como objetivo geral analisar o processo de implementação do PCCR dos servidores do magistério público do município de Ananindeua/PA – Lei n.º 2.355/2009, no período de 2009 a 2016, visando: (I) identificar em que medida o PCCR aprovado em 2009 alterou o funcionamento da carreira e remuneração do magistério de Ananindeua; (II) avaliar os possíveis efeitos das alterações na configuração da carreira do magistério.

Com o intuito de desvelar o objeto da pesquisa, foram importantes os estudos e análises de leis, decretos, resoluções e normatizações municipais correlatas, além de realizar a revisão da literatura. Como consequência, possibilitou a compreensão de como ocorreu o processo de implementação da Lei n.º 2.355/2009 no decorrer da série histórica.

No que diz respeito à primeira questão problema, a análise do *corpus* documental aponta que houve alterações legais ocorridas no percurso do processo de implementação do PCCR dos servidores do magistério público do município de Ananindeua, no que concerne à carreira e à remuneração, no período de 2009 a 2016.

Ao averiguar os documentos referentes a esse processo, no que tange à carreira e remuneração, é possível constatar que, a partir da aprovação, em 1º de janeiro 2009, já ocorreram várias modificações, por meio de portarias, decretos, leis complementares[57], entre outros, de modo a estabelecer critérios para atender às demandas da categoria. Reafirmo que as regulamentações ocorridas foram motivadas pelas lacunas, omissões e ausência de direitos já conquistados e garantidos nas legislações nacionais e estaduais e que,

---

[57] Ver Quadro 3 – Introdução.

no entanto, foram ignorados ou não estavam devidamente constituídos. Essas alterações no funcionamento da lei foram possíveis em decorrência das reivindicações dos trabalhadores do magistério[58].

A análise dos materiais coletados observou o período da série histórica de 2009-2016, verificando que não foi encontrado documento oficial instituindo comissão para a discussão da reformulação do PCCR/2009. Assim, o processo passou diretamente à Câmara Municipal, desfavorecendo uma decisão conjunta entre os trabalhadores e o poder executivo. Nesse sentido, a proposta do Projeto de Lei nº 62 (que, após aprovado, tornou-se Lei n.º 2.355/2009) foi enviada à câmara municipal pelo Poder Executivo, o qual solicitou a apreciação, e, com rapidez, o governo conseguiu aprovar o projeto em seis dias (23 de dezembro de 2008).

Com relação a esse contexto, ao examinar a implementação do plano, observa-se que é uma política pública governamental, por expressar o poder do Estado, que, ao fio e ao cabo, é quem toma as decisões de alocar ou não recursos para viabilizar o atendimento da demanda, conforme indicam os estudiosos que pesquisam sobre a implementação de políticas públicas (MULLER; SUREL, 2002; SOUZA, 2006; PEREZ, 2010).

Ademais, o Fundeb — que substituiu o Fundef durante o governo Lula — visava a uma democratização das decisões, no entanto essas foram centralizadas nos estados economicamente mais lucrativos, de acordo com Caldas e Araújo (2016). Nessa ótica, os autores destacam a necessidade alternativa de uma nova política que reafirme o fundo, pois esse não recebeu novos recursos, apenas foi subvinculado.

A subvinculação do Fundeb faz com que os recursos direcionados à remuneração dos professores sejam estagnados, crescendo pouco ou quase nada. Essa situação prejudica o crescimento econômico do profissional e, por conseguinte, o avanço na carreira, proporcionado pelo aumento da qualificação e tempo de serviço, sendo alcançado após avaliação de desempenho.

Com relação à segunda questão-problema, o processo de implementação do PCCR dos servidores do magistério público do município de Ananindeua, no decorrer da série histórica, tem sido realizado por meio de ações efetivas em torno desse plano, sendo a organização e a luta dos servidores do magistério considerada preponderante na garantia de direitos já estabelecidos, mas, em parte, ainda não efetivados, a exemplo da hora

---

[58] Ver Imagem 1 e Quadro 5 (mostra a síntese das ações de implementar o PCCR/2009).

pedagógica, eleição direta para diretor de escola e outros itens garantidos, entretanto ainda não cumpridos. A licença prêmio é um desses itens, não sendo, ainda, atendida com regularidade, apesar de prevista e regulamentada.

Com relação à hora pedagógica, o não cumprimento do direito pode ocasionar aos trabalhadores adoecimento de várias ordens. Uma vez que existe a garantia de 1/5 (um quinto) de carga horária para a realização de atividades extraclasse, garantido na Lei n.º 2.355/2009, o poder municipal insiste em ignorar um direito já conquistado, o de "reservar tempo para a realização de estudos, planejamento e avaliação incluídos na carga horária de trabalho" do docente (LDB, Lei n.º 9.394/96, Art. 67, V). Observa-se que o PCCR/2009 prevê esse 1/5, porém não foi encontrado documento que confirme o cumprimento dessa previsão, considerando o recorte temporal da pesquisa.

Vale ressaltar que a Portaria n.º 89/2017, publicada no Diário Oficial do Município, versa sobre a instalação de uma comissão formada por representantes da Semed e do Sintepp-subsede Ananindeua, com o objetivo de realizar estudos e apresentar propostas de como seria implementada a hora pedagógica. Os estudos foram concluídos, e o relatório entregue ao governo municipal, mas ainda não houve a implementação do 1/5 destinado à HP.

Outra questão que merece destaque é a mudança de referência — promoção horizontal — que deveria ter ocorrido no momento do primeiro enquadramento, em 2009, para os servidores que já haviam cumprido o estágio probatório após ter sido aprovada a Lei n.º 2.355, o que avalio como efeito negativo, por ter provocado defasagem na remuneração dos docentes, considerando o período de 2009 a 2012, quando ocorreu o enquadramento na promoção horizontal.

O estudo revelou que somente a partir de 2013[59] ocorreu a mudança na carreira por tempo de serviço, quando os servidores do magistério vieram a obter acréscimo na remuneração de acordo com o tempo de serviço, alcançando, no máximo, a referência 011. Desse modo, aproximadamente 1.000 (mil) servidores foram contemplados com o enquadramento. Entre eles 10 (dez) alcançaram a referência 011, o que prova o cumprido do tempo de serviço exigido para a aposentadoria. No entanto, pode-se dizer que os servidores em questão aguardavam a concretização do direito no exercício da função, a fim de conseguirem melhor remuneração em sua aposentadoria.

---

[59] Ver **Portaria nº 251/2013**, publicada no Diário Oficial do Município, em 25 de setembro de 2013.

A mudança ocorrida em 2013 pode ser considerada um avanço, pois melhorou significativamente a remuneração, principalmente daqueles que já tinham mais tempo de serviço na rede municipal de ensino. Contudo, esse ato deveria ter acontecido em 2009, na gestão do ex-prefeito Helder Barbalho; se somados os valores referentes aos quatro anos sem enquadramento na promoção horizontal, os servidores do magistério foram prejudicados, pois deixaram de receber os percentuais que lhes eram devidos pelo tempo de serviço naquele período.

Outro item que merece destaque é o fato de o governo municipal ter insistido em contrariar a legislação de sua própria esfera, excluindo da comissão os representantes de entidade representativa do magistério público municipal, quando instituiu a comissão de avaliação do estágio probatório, ficando apenas os gestores escolares e a Semed responsáveis pelo processo de avaliação. Considero esse ato um retrocesso, pois, além de desconsiderar a lei, demonstra autoritarismo, bem como a suspensão do gozo da licença-prêmio a quem tem direito e o não pagamento da gratificação aos servidores do magistério que desempenham suas funções em territórios rurais.

O sexto ato que modificou a lei no PCCR/2009 para conceder a gratificação de 50% (cinquenta por cento) pode ser considerado um grande avanço para os servidores do magistério público municipal em atividade na área da educação especial, apesar de ter ocorrido somente em 2014, após quase cinco anos, considerado o ano de aprovação do plano. Nesse sentido, o sétimo e o último ato, que concederam a bolsa aprimoramento, foram percebidos como mais um avanço no sentido de estimularem o aperfeiçoamento, valorizarem os servidores e melhorarem o desempenho do educando.

Por fim, percebe-se no processo de implementação da Lei n.º 2.355/2009, em que pese o não cumprimento de alguns itens, que ela em si não garante a execução do que está previsto; é necessário que haja organização e disposição para lutar e tornar real o que fora conquistado por meio dos atos legais. Portanto, conclui-se que as alterações ocorridas com a implementação do PCCR/2009, com relação à carreira e à remuneração dos servidores do magistério público de Ananindeua/PA, representaram alguns avanços quanto à progressão e à promoção por tempo de serviço, pois, até o último ano da série histórica, tem ocorrido automaticamente, sem realizar a avaliação de desempenho, aos que completam o tempo de serviço interrupto a cada três anos e que não estejam respondendo a nenhum Processo Administrativo Disciplinar (PAD). Contudo, conforme o levantamento bibliográfico e a análise dos documentos, objetos desta investigação, o aporte de recursos precisa ser ampliado para que a Lei n.º 2.355/2009 seja implementada na sua totalidade, assegurando aos servidores do magistério remuneração digna, e que permaneça a concretização dos avanços ora observados.

REFERÊNCIAS

ABICALIL, Carlos Augusto. Piso salarial: constitucional, legítimo, fundamental. **Revista Retratos da Escola**, Brasília, v. 2, n. 2-3, p. 67-80, jan./dez. 2008.

ABICALIL, Carlos Augusto. Sistema Nacional de Educação: os arranjos na cooperação. **Educ. Soc.**, Campinas, v. 34, n. 124, p. 803-828, jul.-set. 2013. Disponível em: https://www.scielo.br/j/es/a/jrW9n5zHBX4JnkCmyYkN75C/abstract/?lang=pt Acesso em: 14 out. 2023.

ALMEIDA, Adrielson Furtado. **Análise etnoecológica da floresta de várzea da ilha de Sororoca, Ananindeua, Pará, Brasil**. 2010. Dissertação (Mestrado em Ciências Ambientais) – Universidade Federal do Pará, Belém, 2010.

ANANINDEUA. **Lei complementar nº 2471, de 5 de janeiro de 2011**. Altera o parágrafo 1º do art. 21 da lei nº 2355, de 16 de janeiro de 2009, e dá outras providências. Ananindeua: Câmara Municipal, 2011.

ANANINDEUA. **Lei nº 1248, de 29 de dezembro de 1995**. Dispõe sobre o Plano de Cargos e Salários (PCS) e dá outras providências. Ananindeua: Câmara Municipal, 1995.

ANANINDEUA. **Lei nº 2355, de 1 de janeiro de 2009**. Dispõe sobre o Plano de Carreira e Remuneração do Magistério Público Municipal de Ananindeua e dá outras providências. Ananindeua: Câmara Municipal, 2009.

ANANINDEUA. **Lei nº 2729, de 18 junho de 2015**. Dispõe sobre o Plano Municipal de Educação e dá outras providências. Ananindeua/PA: Câmara Municipal, 2015.

ANANINDEUA. **Lei nº 851, de 24 dezembro de 1986**. Dispõe sobre o Estatuto do Magistério Público de Ananindeua e dá outras providências. Ananindeua: Câmara Municipal, 1986.

ANANINDEUA. **Lei Orgânica do Município de Ananindeua**. Lei n. 942, de 4 de abril de 1990. Ananindeua: Câmara Municipal, 1990.

ANDERSON, Perry. Balanço do Neoliberalismo. *In:* SADER, Emir; GENTILI, Pablo (org.). **Pós-neoliberalismo:** As políticas Sociais e o Estado Democrático. 4. ed. Rio de Janeiro: Paz e Terra, 1995. p. 9-23.

ARAÚJO, Luiz. **O CAQi e novo papel da União no financiamento da educação básica**. Jundiaí: Paco Editorial, 2016.

ARRETCHE, Marta T. S. Federação Brasileira: crise ou construção. **Teoria e Debate**, São Paulo, v. 12, n. 41, p. 21-26, 1999.

ARRETCHE, Marta T. S. Federalismo e democracia no Brasil: a visão da ciência política norte-americana. **São Paulo em Perspectiva**, São Paulo, v. 15, n. 4, p. 23-31, 2001a.

ARRETCHE, Marta T. S. Tendências no estudo sobre avaliação. *In*: RICO, Elizabeth Melo (org.) **Avaliação de políticas sociais**: uma questão em debate. 3. ed. São Paulo: Cortez, 2001b. p. 29-39.

ARRETCHE, Marta; MARQUES, Eduardo (org.). **Políticas Públicas no Brasil**. Rio de Janeiro: Fiocruz, 2007.

BARBOSA, Livia. **Igualdade e meritocracia**: a ética do desempenho nas sociedades modernas. Rio de Janeiro: FGV, 2003.

BASTOS, Eliana Benassuly Bogéa. **A contribuição da cultura para o desenvolvimento do território**: um olhar de Ananindeua, na Região Metropolitana de Belém, Pará. 2013. Dissertação (Mestrado em Gestão de Recursos Naturais e Desenvolvimento Local na Amazônia) – Núcleo de Meio Ambiente, Universidade Federal do Pará, Belém, 2013.

BRASIL. Ministério da Educação. Conselho Nacional de Educação. Resolução nº 2, de 28 de maio de 2009. **Diário Oficial da União**, Brasília, DF, 29 maio 2009. Disponível em:http://portal.mec.gov.br/dmdocuments/resolucao_cne_ceb002_2009pdf. Acesso em: 1 set. 2016.

BRASIL. **Atlas de Desenvolvimento Humano e Econômico.** Brasília, DF: PNUD; Ipea; FJP, 2013.

BRASIL. [Constituição (1934)]. **Constituição da República dos Estados Unidos do Brasil de 1934.** Rio de Janeiro: Presidência da República, 1934. Disponível em: https://www.planalto.gov.br/ccivil_03/constituicao/constituicao34.htm. Acesso em: 16 mar. 2017.

BRASIL. [Constituição (1988)]. **Constituição da República Federativa do Brasil de 1988**. Brasília, DF: Presidência da República, 1988. Disponível em: https://www. planalto.gov.br/ccivil_03/constituicao/constituicao.htm Acesso em: 14 out. 2023.

BRASIL. Ministério da Educação. **Documento Final** – CONAE. Brasília: MEC, 2010

BRASIL. **IDEB/INEP.** Disponível em: https://www.gov.br/inep/pt-br/areas- -de-atuacao/pesquisas-estatisticas-e-indicadores/ideb. Acesso em: 27 set. 2016.

BRASIL. Lei n. 9.394/96, de 20 de dezembro de 1996. **Diário Oficial da União**, Poder Legislativo, Brasília, DF, 23 dez. 1996. Disponível em: https://www.planalto. gov.br/ccivil_03/leis/l9394.htm. Acesso em: 20 set. 2013.

BRASIL. Lei n. 11.494, de 20 de junho de 2007. **Diário Oficial da União**, Poder Executivo, Brasília, DF, 21 jun. 2007. Disponível em: https://www.planalto.gov. br/ccivil_03/_ato2007-2010/2007/lei/l11494.htm. Acesso em: 20 set. 2016.

BRASIL. Lei n. 11.738, de 16 de julho de 2008. **Diário Oficial da União**, Poder Legislativo, Brasília, DF, 17 jul. 2008. Disponível em: https://www.planalto.gov. br/ccivil_03/_ato2007-2010/2008/lei/l11738.htm. Acesso em: 10 jan. 2017.

BRASIL. Lei nº 13.005, de 25 de junho de 2014. **Diário Oficial da União**, Poder Legislativo, Brasília, DF, 26 jun. 2014. Disponível em: https://www.planalto.gov. br/ccivil_03/_ato2011-2014/2014/lei/l13005.htm Acesso em: 19 out. 2023.

BRASIL. Presidência da República. Câmara da Reforma do Estado. **Plano Diretor da Reforma do Aparelho do Estado**. Brasília: MEC, 1995.

BRESSER PEREIRA, Luiz C. **A reforma do Estado nos anos 90**: lógica e mecanismos de controle. Brasília: Ministério da Administração e Reforma do Estado, 1997.

BRESSER PEREIRA, Luiz C.; GRAU, Nuria Cunill (org.). **O público não-estatal na reforma do Estado**. Rio de Janeiro: FGV, 1999.

BRESSER PEREIRA, Luiz C. **democracia, Estado social e reforma gerencial**.2010. https://www.scielo.br/j/rae/a/gfRLmWnLrxgkj6ChFJrZ53s/?format=pdf&lang=pt. Acesso em: mar de 2017.

CALDAS, ANDREA; ARAUJO, L. Na educação, avanços e limites. *In*: MARINGONI, G; MEDEIROS, J. (org.). **Cinco Mil Dias:** O Brasil na Era do Lulismo. 1ed.Sao Paulo: Boitempo, 2017, v. 1, p. 229-240.

CALLEGARI, Cesar. **O FUNDEB e o financiamento da Educação pública no estado de São Paulo**. 5. ed. São Paulo: Editora Aquariana, 2010.

CAMARGO, J. M. Do Milagre Econômico à Marcha Forçada. *In*: PIRES, M. C. (org.). **Economia Brasileira** - Da Colônia ao Governo Lula. São Paulo: Saraiva. 2010.v. 1, p. 193-218.

CAMARGO, R. B De *et al.* Financiamento da educação e remuneração docente: um começo de conversa em tempos de piso salarial. **Revista Brasileira de Política e Administração da Educação**, v. 25, n. 2, p 341-362, maio/ago. 2009.

CAMARGO, R. B.; GOUVEIA, A. B.; GIL, J.; MINHOTO, M. A. P. Financiamento da educação e remuneração docente: um começo de conversa em tempos de piso salarial. **RBPAE**, Goiânia, v. 25, n. 2, p. 341-363, maio/ago. 2009.

CARNEIRO, Moaci Alves. **LDB fácil**: leitura crítico-compreensivo, art. a artigo. 21. ed. Petrópolis: Vozes, 2013.

CARREIRA, Denise; PINTO, José Marcelino. **Custo Aluno-qualidade inicial**: rumo à educação pública de qualidade no Brasil. Campanha Nacional pelo Direito à Educação. São Paulo: Global Editora, 2007.

CARVALHO, Isabel C. de Moura. **Educação Ambiental e formação do sujeito ecológico**. 6. ed. São Paulo: Contexto, 2012.

CONSED – Conselho Nacional de Educação. **Estudo dos Planos de Carreira e Remuneração do Magistério da Educação Básica dos Estados Brasileiros**. Brasília, DF: Consed, 2005.

CONSED – Conselho Nacional de Educação. **Parecer nº 10, de 3 de setembro de 1997, e Resolução nº 3, de 8 de outubro de 1997**. Câmara de Educação Básica. Fixam Diretrizes para os Novos Planos de Carreira e de Remuneração para o Magistério dos Estados, do Distrito Federal e dos Municípios.

COUTINHO, Carlos Nelson. A Hegemonia da Pequena Política. *In:* OLIVEIRA, Francisco; BRAGA, Ruy; RIZEK, Cibele. **Hegemonia às avessas**. São Paulo: Boitempo, 2010. p. 29-43

DARNTON, Robert [1939]. **O beijo de Lamourette**. Tradução: Denise Bottman. São Paulo: Companhia das Letras, 1990.

DAVIES, Nicholas. **FUNDEB**: a redenção da educação básica. Campinas: Autores Associados, 2008.

DAVIES, Nicholas. O Financiamento da Educação Estatal no Brasil: novos ou velhos desafios? **Revista Educação On-line**, Rio de Janeiro: PUC-Rio, n. 10, p. 31-63, 2012. Disponível em: https://www.maxwell.vrac.puc-rio.br/20039/20039.PDF. Acesso em: 5 fev. 2018.

DRAIBE, Sônia Miriam. Avaliação de implementação: esboço de uma metodologia de trabalho em políticas públicas. *In:* BARREIRA, Maria Cecília Roxo Nobre; CARVALHO, Maria do Carmo Brant de. (org.). **Tendências e perspectivas na avaliação de políticas e programas sociais**. São Paulo: IEE/PUC-SP, 2001. p. 12-42.

DUTRA JR., Adhemar F. *et al.* **Plano de Carreira e Remuneração do Magistério Público**: LDB, FUNDEF, Diretrizes Nacionais e Nova Concepção de Carreira. Brasília, DF: FUNDESCOLA/MEC, 2000.

ENGELS, Friedrich. **A origem da família, da propriedade privada e do Estado.** 4. ed. Rio de Janeiro: Civilização Brasileira, 1978.

ENGELS, Friedrich. **Política.** São Paulo: Ática, 1981.

FAPESPA – Fundação Amazônia de Amparo a Estudos e Pesquisas. **Diagnóstico Socioeconômico e Ambiental da Região de Integração Metropolitana.** Belém: Fapespa, 2010. Disponível em: https://seplad.pa.gov.br/wp-content/uploads/2015/07/perfil_regiao_metropolitana.pdf. Acesso em: 27 set. 2016.

FARIAS, Polyanna Espíndola. **Gestão Pública no Pará:** análise dos governos municipais de Belém e Ananindeua (1997-2000). 2004. Dissertação (Mestrado em Planejamento do Desenvolvimento) – Núcleo de Altos Estudos Amazônicos, Universidade Federal do Pará, Belém, 2004.

FINEDUCA, **Nota Fineduca.** Diretoria da Fineduca, 12 de dezembro de 2017. Desenvolvida pela Associação Nacional de Pesquisa em Financiamento da Educação. Disponível em: http://www.fineduca.org.br. Acesso em: 5 jan. 2018.

FRIGOTTO, G. **Educação e a crise do capitalismo real.** 6. ed. São Paulo: Cortez, 2010.

FRIGOTTO, G. O enfoque da dialética materialista histórica na pesquisa educacional. *In:* FAZENDA, I. (org.). **Metodologia da pesquisa educacional.** 7. ed. São Paulo: Cortez, 1998. p. 70-89.

FNDE - Fundo Nacional de Desenvolvimento da Educação; SIOPE - Sistema de Informações sobre Orçamentos Públicos em Educação. **Relatório Resumido da Execução Orçamentária - RREO** - Anexo X da Lei de Responsabilidade Fiscal. Ananindeua/Pará. 2016. Disponível em: https://www.fnde.gov.br/siope/relatorioRREOMunicipal2006.do. Acesso em: 18 abr. 2017.

GATTI, B. A. **Atratividade da Carreira Docente no Brasil.** São Paulo: Fundação Carlos Chagas, 2009. Disponível em: http://revistaescola.abril.com.br/pdf/relatorio-final-atratividade-carreira-docente.pdf. Acesso em: 15 mar. 2016.

GATTI, B. A., BARRETTO, E. S. S. **Professores:** aspectos de sua profissionalização, formação e valorização social. Relatório de Pesquisa. Brasília, DF: Unesco, 2009.

GATTI, B. A; BARRETO, E. S, ANDRÉ, M. E. D. A. **Políticas docentes no Brasil:** um estado de arte. Brasília, DF: Unesco, 2011. Disponível em: http://unesdoc. unesco.org/images/0021/002121/212183por.pdf. Acesso em: 16 abr. 2016.

GEMAQUE, Rosana Maria Oliveira. As políticas de fundos e o financiamento da educação. *In:* ENCONTRO DE PESQUISADORES DO NORTE NORDESTE, 17. Belém, 2005. **Anais [...]**, Belém, 2005.

GEMAQUE, Rosana Maria Oliveira. **Financiamento da educação e o FUNDEF na educação do Estado do Pará:** feitos e fetiches. 2004. Tese (Doutorado em Educação) – Faculdade de Educação, Universidade de São Paulo, São Paulo, 2004.

GEMAQUE, Rosana Maria Oliveira. **Relatório do estágio pós-doutoral**. São Paulo: USP, 2013.

GIL, Antonio Carlos. **Como elaborar projetos de pesquisa**. 4. ed. São Paulo: Atlas, 2008.

GRAMSCI, Antonio. **Cadernos do cárcere**. Rio de Janeiro: Civilização Brasileira, 2000. v. 2

GUIMARÃES, M. R. **Carreira e Remuneração dos profissionais do magistério público do município de Breves-PA**. 2015. Dissertação (Mestrado em Educação) – Instituto de Ciências da Educação, Universidade Federal do Pará, Belém, 2015.

GUTIERRES, D. V. G.; COSTA, M. O financiamento da educação e o controle social dos recursos da educação no contexto das parcerias firmadas entre o IAS e os municípios brasileiros. *In:* ADRIÃO, T.; PERONI, V. (org.). **Gestão municipal da educação e as parcerias com o IAS**. Goiânia; Recife: Ed. Brasília, 2013. p. 60-81.

GUTIERRES, D. V. G.; COSTA, M. O financiamento da educação e o controle social dos recursos da educação como fatores de democratização educacional. *In:* SEMINÁRIO NACIONAL DE ADMINSITRAÇÃO EDUCACIONAL – REFORMA DO ESTADO E POLÍTICAS EDUCACIONAIS DO BRASIL: O PÚBLICO E O PRIVADO; ENCONTRO ESATADUAL DA ASSOCIAÇÃO NACIONAL DE POLÍTICA E ADMINISTRAÇÃO. Teresina, 2010. **Anais [...]**, Teresina, 2010.

GUTIERRES, Dalva Valente Guimarães. O Financiamento da Educação e o Controle social dos recursos da Educação como fatores de democratização educacional. *In:* Seminário Nacional de Administração Educacional - Reforma do Estado e Políticas Educacionais do Brasil: O público e o Provado em Questão - Encontro Estadual da Associação Nacional de Política e Administração da Educação, 2010, Teresina

- Piauí. Seminário Nacional de Administração Educacional e Encontro Estadual da ANPAE: o público e o privado em questão. Teresina: NEPES/UESPI, 2010.

GUTIERRES, D. V. G.; GEMAQUE, R. M. O; LUZ, S. L. D'O. A carreira dos profissionais do magistério do Sistema Municipal de Educação de Belém: o dito e o feito. **Jornal de Políticas Educacionais**, Curitiba, v. 5, p. 46-56, 2011. Disponível em: http://www.jpe.ufpr.br/n10_5.pdf. Acesso em: 2 abr. 2016.

HARVEY, David. **A condição pós-moderna**. 8. ed. São Paulo: Loyola, 1999.

HARVEY, David. **A condição pós-moderna**. 9. ed. São Paulo: Loyola, 2000.

HARVEY, David. **Condição pós-moderna**. 4. ed. São Paulo: Loyola, 1989.

HARVEY, David. **O neoliberalismo**: história e implicações. Trad.: Adail Sobral e Maria Stela Gonçalves. São Paulo: Loyola, 2008.

HOBSBAWM, Eric. **Revolucionários**: ensaios contemporâneos. 5. ed. São Paulo: Paz e Terra, 2015.

INSTITUTO BRASILEIRO DE GEOGRAFIA E ESTATÍSTICA (IBGE). **Estimativa da população residente no Brasil e unidades da federação até 2010.** Disponível em: https://cidades.ibge.gov.br/brasil/pa/ananindeua/panorama. Acesso em: 5 nov. 2017.

INSTITUTO BRASILEIRO DE GEOGRAFIA E ESTATÍSTICA (IBGE). **Estimativa da população residente no Brasil e unidades da federação até 2019.** Disponível em: https://cidades.ibge.gov.br/brasil/pa/ananindeua/panorama. Acesso em: 5 nov. 2023.

IANNI, Octávio. A construção da categoria. **Revista HISTEDBR**, Campinas, n. especial, p. 397-416, abr. 2011.

KOSSOY, Boris. **Fotografia e história**. São Paulo: Ateliê Editorial, 2014.

LAMBERTUCCI, A. R. Diretoria de Valorização dos Profissionais da Educação da Secretaria de Articulação com os Sistemas de Ensino do MEC. **Revista Escola Pública**, 2015. Disponível em: http://revistaescolapublica.com.br/textos/43/uma-carreira-para-a-educacao-338984-1.asp Acesso em: 12 maio 2016.

LYNN, L. E. **Designing public policy**: a casebook on the role of policy analysis. Santa Monica, EUA: Goodyear, 1980. (LYNN, L. E. Desenho de políticas públicas: um livro de casos sobre o papel da análise de políticas. Santa Mônica, EUA: Goodyear, 1980).

MARONEZE, L. F. Z.; LARA, A. M. B. A política educacional brasileira pós-1990: novas configurações a partir da política neoliberal de Estado. *In:* CONGRESSO NACIONAL DE EDUCAÇÃO – EDUCERE, 9.; ENCONTRO SUL BRASILEIRO DE PSICOPEDAGOGIA, 3. Curitiba, 2009. **Anais [...]**, Curitiba: PUCPR, 2009.

MARTINS, A. M. A pesquisa na área de política e gestão da educação básica: aspectos teóricos e metodológicos. **Educ. Real**, Porto Alegre, v. 36, n. 2, p. 379-393, maio/ago. 2011.

MARTINS, Gilberto A. **Guia para elaboração de monografia e trabalhos de conclusão de cursos.** São Paulo: Atlas, 2010.

MARTINS, Hélio Tadeu. **Gestão de carreiras na era do conhecimento**: abordagem conceitual e resultados de pesquisa. Rio de Janeiro: Qualitymark, 2001.

MARTINS, Hélio Tadeu. O Financiamento da Educação no PNE 2014-2024. *In:* Câmara dos Deputados. **Plano Nacional de Educação:** construção e perspectivas. Brasília, DF: Câmara dos Deputados, 2015. Disponível em: http://bd.camara.leg. br/bd/handle/bdcamara/21659. Acesso em: 10 ago. 2016.

MARTINS, Paulo Sena. O financiamento da educação de qualidade. **Revista Educação e Políticas em Debate**, Uberlândia, v. 3, n. 2, p. 268-290, 2014.

MARX, Karl. **As lutas de classe na França de 1848 a 1850**. Lisboa: Edições "Avante!", 1997.

MARX, Karl. **O Manifesto Comunista de 1848.** São Paulo: Moraes, 1987.

MARX, Karl; ENGELS, Friedrich. **A Ideologia Alemã**. 4. ed. Lisboa: Presença/ Martins Fontes, 1980.

MARX, Karl; ENGELS, Friedrich. **A Ideologia Alemã**. São Paulo: Ed. Martins Fontes, 1989.

MASSON, Gisele. Materialismo histórico e dialético: uma discussão sobre as categorias centrais. **Práxis Educativa**, Ponta Grossa, v. 2, n. 2, p. 105-114, jul./dez. 2007.

MASSON, Gisele. **As contribuições do método materialista histórico-dialético para pesquisa em educação.** IX ANPED Sul – 2012. Disponível em: www.ucs. br/etc/conferencias/index.php/anpedsul/9anpedsul/paper/viewFile/966/126. Acesso em: 20 jul. 2019.

MASSON, Gisele. Requisitos essenciais para a atratividade e a permanência na carreira docente. **Educ. Soc.,** Campinas-SP, v. 38, n. 140, p. 849-864, 2017. Epub May 25,

2017. Disponível em: http://dx.doi.org/10.1590/es0101-73302017169078. Acesso em: 10 nov. 2017.

MAY, Tim. **Pesquisa social:** questões, métodos e processos. 7. ed. Porto Alegre: Artmed, 2004.

MEDEIROS, Luciene; REIS Maria Isabel Alves. Condições de trabalho e efeitos sobre a saúde dos docentes. *In:* MAUÉS, Olgaíses *et al.* **O trabalho docente na Educação Básica:** o Pará em questão. Belo Horizonte: Fino Traço, 2012. p. 75-91.

MESZÁROS, István. **A Educação para além do capital.** 2. ed. São Paulo: Boitempo, 2008.

MESZÁROS, István. **Para além do capital.** São Paulo: Boitempo Editorial, 2002.

MONLEVADE, J. **Educação pública no Brasil:** contos & descontos. Ceilândia: Idéa Editora, 1997.

MONLEVADE, J. **Valorização Salarial dos Professores:** O papel do Piso Salarial Profissional Nacional como instrumento de valorização dos professores de Educação Básica Pública. 2000. Tese (Doutorado em Educação) – Universidade Estadual de Campinas, Campinas, 2000.

MULLER, Pierre; SUREL, Yves. O que é uma política pública? *In:* **A análise das políticas públicas.** Tradução: AgemirBavaresco e Alceu R. Ferraro. Pelotas: Educat, 2002. p. 11-30.

NEGRI, Antonio. **O Poder Constituinte** – ensaio sobre as alternativas da modernidade. (1999) Tradução: Adriano Pilatti. Rio de Janeiro: DP & A, 2002.

O LIBERAL, Belém, 04 de março de 2008. Caderno Poder, p. 4. Estado do Pará.

OLIVEIRA, Dalila Andrade. As políticas educacionais no governo Lula: rupturas e permanências. **Revista Brasileira de Política e Administração da Educação,** v. 25, n. 2, 2009. Disponível em: http://seer.ufrgs.br/rbpae/article/view/19491/0. Acesso em: 6 ago. 2016.

OLIVEIRA, Francisco de; BRAGA, Ruy; RIZEK, Cibele Saliba (org.). **Hegemonia às avessas:** economia, política e cultura na era da servidão financeira. São Paulo: Boitempo, 2010.

OLIVEIRA, Romualdo Portela; SANTANA, W. (org.). **Educação e federalismo no Brasil:** combater as desigualdades, garantir a diversidade. 1. ed. Brasília: UNESCO, 2010.

ORWELL, George. **A revolução dos bichos**. São Paulo: Círculo do Livro, 1945.

PÁDUA, E. M. M de. **Metodologia da pesquisa**: Abordagem teórico-prática. 10. ed. Campinas: Papirus Editora, 2007.

PARO, Vitor Henrique. **Gestão democrática da escola pública**. São Paulo: Ática, 2003.

PAULANI, Leda Maria. Capitalismo financeiro, estado de emergência econômico e hegemonia às avessas no Brasil. *In:* OLIVEIRA, Francisco; BRAGA, Ruy; RIZEK, Cibele. **Hegemonia às avessas**. São Paulo: Boitempo, 2010. p. 109-134

PAULANI, L. M. & PATO, C. G. Investimentos e servidão financeira: o Brasil do último quarto de século. *In:* PAULA, J. A. (org.) **Adeus ao desenvolvimento**. Belo Horizonte: Autêntica, 2005. p. 36-75.

PEREZ, Jose Roberto Rus. Avaliação do processo de implementação: algumas questões metodológicas. *In:* RICO, E. M. (org.). **Avaliação de políticas sociais:** uma questão em debate. São Paulo: Cortez, Instituto de Estudos Especiais, 1998a. p. 65-73.

PEREZ, Jose Roberto Rus. Por que pesquisar implementação de políticas educacionais atualmente. **Educação Sociedade**, Campinas-SP, v. 31, p. 1179-1196, 2010.

PEREZ, Jose Roberto Rus. Reflexões sobre a avaliação do processo de implementação de políticas e programas educacionais. *In:* WARDE, M. J. (org.). **Novas políticas educacionais**: perspectivas e críticas. São Paulo: PUC-SP, 1998b. v. 1. p. 139-145.

PERONI, V. M. V. **Política educacional e o papel do Estado:** no Brasil dos anos de 1990. São Paulo: Xamã, 2003.

PETERS, B. G. **American Public Policy.** Chatham, N.J.: Chatham House. 1986. (PETERS, B. G. Políticas Públicas Americanas. Chatham, Nova Jersey: Casa Chatham. 1986).

PINHEIRO, Raimundo Amilson de S. **Por uma história dos professores**: experiências de lutas na democratização brasileira em Belém (1979-1986). Dissertação (Mestrado em História Social da Amazônia) – Laboratório de História, Universidade Federal do Pará, Belém, 2015.

PINTO, E. **Bloco no poder e governo Lula.** 2010. Tese (Doutorado em Economia) – Instituto de Economia, Universidade Federal do Rio de Janeiro, Rio de Janeiro, 2010.

PINTO, José Marcelino Rezende. A Política Recente de Fundos para o Financiamento da Educação e seus Efeitos no Pacto Federativo. **Educação em Revista**, Belo Horizonte, v. 28, n. 100 – Especial, p. 877-897, 2007.

PINTO, José Marcelino Rezende. O FUNDEB na perspectiva do custo aluno qualidade. *In:* PERES, Alexandre José de Souza; VIDAL, Eloísa Maia Vidal (org.). **Em Aberto - O FUNDEB em Perspectiva**. Brasília, DF: Inep/MEC, 2015. v. 28, n. 93.

PINTO, José Marcelino Rezende. **Os recursos para a educação no Brasil no contexto das finanças públicas**. Brasília, DF: Plano, 2000.

COSTA PINTO *et al.* **A economia política dos governos Dilma**: acumulação, bloco no poder e crise. Fevereiro, 2016 Instituto de Economia-UFRJ.

PINTO, M. R.; ADRIÃO, T. Noções Gerais sobre o Financiamento da Educação no Brasil. **EcoS** – Revista Científica, São Paulo, v. 8, n. 1, p. 23-46, jan./jun. 2006.

POETA, Karina; SOUZA, Maíra; MURCIA, Fernando. Fusão Itaú-Unibanco: Uma Análise da Situação Econômico-Financeira Antes e Após a Reorganização Societária. **R. Cont. UFBA**, Salvador, v. 4, n. 2, p. 47-59, maio/ago. 2010.

PONTUAL, Marina dos Anjos. Obrigatoriedade de avaliação em estágio probatório por meio de comissão estabelecida para esse fim e o princípio do devido processo legal. **Revista Jus Navigandi**, Teresina, v. 16, n. 2785, 15 fev. 2011. Disponível em: https://jus.com.br/artigos/18499. Acesso em: 11 jan. 2018.

POULANTZAS, Nicos. **O Estado, o poder, o socialismo** – São Paulo: Paz e Terra, 2000 (Biblioteca de Ciências sociais; n. 19)

POULANTZAS, Nicos. **As classes sociais no capitalismo de hoje**. Tradução: Antonio Roberto Neiva Blundi. Rio de Janeiro: Zahar Editores, 1975.

POULANTZAS, Nicos. **Poder político e classes sociais**. São Paulo: Martins Fontes, 1977a.

POULANTZAS, Nicos. **O Estado em crise**. Rio de Janeiro: Graal, 1977b.

POULANTZAS, Nicos. **O Estado, o poder, o socialismo**. 2. ed. Rio de Janeiro: Edições Graal, 1985. p. 13-85.

POULANTZAS, Nicos. **O Estado, o poder, o socialismo**. Rio de Janeiro: Graal, 1980.

POULANTZAS, Nicos. **Poder político e classes sociais**. Porto: Portucalense Editora, 1971. v. 2

POULANTZAS, Nicos. Traços fundamentais do Estado Capitalista. *In:* POU-LANTZAS, N. **Poder político e classes sociais**. Porto Novembro: Portucalense, 1971. p. 5-52.

RAMOS, Géssica Priscila. **Um por todos ou todos contra um?** A lógica merito-crática da valorização docente no contexto da reforma do Estado. *In:* Anais do V Simpósio Internacional: O Estado e as Políticas Educacionais no Tempo Presente, de 6 a 8 de dezembro de 2009, da Universidade Federal de Uberlândia, Uberlândia, MG, 2009. Disponível em: http://www.simposioestadopoliticas.ufu.br/imagens/anais/pdf/AC23.pdf Acesso em: 10 maio 2017.

RAPOSO, Gustavo de Resende. A educação na Constituição Federal de 1988. **Jus Navigandi**, Teresina, v. 10, n. 641, 10 abr. 2005. Disponível em: http://jus.com.br/revista/texto/6574. Acesso em: 24 jul. 2017.

REIS, Maria Isabel Alves dos. **O adoecimento dos trabalhadores docentes na rede pública de Ensino de Belém Pará**. 2014. Tese (Doutorado em Educação) – Instituto de Ciências da Educação, Universidade Federal do Pará, Belém, 2014.

RUA, Maria das Graças. **Análise de políticas públicas**: conceitos básicos. Brasília: ENAP, 1997.

SADER, Emir. Direitos e cidadania na era da "globalização". *In:* BÓGUS, L.; PAU-LINO, A. Y. (org.). **Políticas de emprego, políticas de população e direitos sociais**. São Paulo: Educ, 1997. p. v. 1, p. 241-246.

SAES, Décio. A política Neoliberal e o campo político conservador no Brasil atual. *In:* SAES, Décio. **República do capital**: capitalismo e processo político no Brasil. São Paulo: Boitempo, 2001. p. 81-91.

SAES, Décio. O conceito de Estado Burguês. *In:* SAES, Décio. **Estado e democra-cia**: ensaios teóricos. 2. ed. Campinas: Instituto de Filosofia e Ciências Humanas, UNICAMP, 1998. p. 15-49

SAMPAIO JR., P. A. Desenvolvimentismo e neodesenvolvimentismo: tragédia e farsa. **Revista Serv. Soc. Soc.**, São Paulo, n. 112, p. 672-688, out./dez.2012. Dispo-nível em: http://www.scielo.br/pdf/sssoc/n112/04.pdf. Acesso em: 20 ago. 2016.

SAVIANI, Dermeval. O manifesto dos pioneiros da educação nova de 1932 e a questão do Sistema Nacional de Educação. *In:* BRASIL. Ministério da Educação. Secretaria de Articulação com os Sistemas de Ensino. **O Sistema Nacional de**

Educação: diversos olhares 80 anos após o Manifesto. Brasília: MEC/SASE, 2014. p.19-33

SCHEIBE, Leda. **Valorização e formação dos professores para educação básica**: questões desafiadoras para um novo plano nacional de educação. 2010. Disponível em: www.scielo.br/pdf/es/v31n112/17.pdf. Acesso em: 20 out. 2015.

SCHUMPETER, Joseph A. **Capitalismo, socialismo e democracia**. Rio de Janeiro: Zahar, 1984.

SEMINÁRIO NACIONAL DA REDE UNIVERSITAS/Br. Políticas de educação superior no Brasil: a expansão privado-mercantil em questão 23. Belém, 2015. *In:* **Anais [...]**, Belém: ICED/UFPA, 2015.

SENE, Eustáquio de. **Globalização e espaço geográfico**. São Paulo: Contexto, 2014.

SILVA, Ilse Gomes. A reforma do Estado brasileiro nos anos 90: processos e contradições. Estado, nação e transnacionalização. **Lutas Sociais** - Revista do Núcleo de Estudos de Ideologias e Lutas Sociais (NEILS). Programa de Estudos Pós-Graduados em Ciências Sociais-PUC/SP, São Paulo, n. 7, 2001. Disponível em: http://revistas.pucsp.br/index.php/ls/issue/view/1208. Acesso em: 8 abr. 2016.

SILVA, Ilse Gomes. **Democracia e participação na 'reforma' do Estado**. São Paulo: Cortez, 2003.

SILVA, M. J. G. S. S.; SILVA CASTRO, S. U.; CASTRO, F. S. **Plano de cargos, carreira e salários dos profissionais do magistério público municipal de Teresina no contexto da atual legislação**. 2010. Disponível em: file:///D:/Users/User/Downloads/silo.tips_o-plano-de-cargos-carreira-e-salarios-dos-profissionais--do-magisterio-publico-municipal-de-teresina-no-contexto-da-atual-legislaao.pdf. Acesso em: 23 jul. 2017.

SILVA, R. M. O. **Promoção, vencimento e avaliação de desempenho**: O PCCR da rede municipal de ensino de Natal (2004-2010). 2014. Tese (Doutorado em Educação) – Centro de Educação, Universidade Federal do Rio Grande do Norte, Natal, 2014.

SOUZA, Celina. **Políticas públicas**: conceitos, tipologias e subáreas. Salvador: Fundação Luís, 2002.

SOUZA, Celina. **Políticas públicas: uma revisão da literatura. Revista Sociologias**, Porto Alegre, ano 8, nº 16, jul/dez 2006, p. 20-45

SOUZA, Márcia Helena Gemaque de. **As condições de trabalho e a repercussão na saúde dos professores dos anos iniciais do ensino fundamental**. 2017. 164f. Dissertação (Mestrado em Educação) – Programa de Pós-Graduação em Educação, Instituto de Ciências da Educação, Belém, Universidade Federal do Pará, 2017. Disponível em: http://repositorio.ufpa.br/jspui/handle/2011/9516. Acesso em: 6 jan. 2017.

TEIXEIRA, Anísio. O manifesto dos pioneiros da educação nova. **Revista Brasileira de Estudos Pedagógicos**, Brasília, v. 65, n. 150, 1984.

TEIXEIRA, Rodrigo Alves; PINTO, Eduardo Costa. **Economia e Sociedade**, Campinas-SP, v. 21, Número Especial, p. 909-941, dez. 2012.

TORRES, Rosa María. Melhorar a qualidade da educação básica? As estratégias do Banco Mundial. *In:* TOMMASI, Livia de; WARDE, Mirian Jorge; HADDAD, Sérgio (org.). **O Banco Mundial e as políticas educacionais**. 4. ed. São Paulo: Cortez, 2003. p. 125-193.

ÚLTIMO SEGUNDO. **No Brasil salário de professor é metade do que recebem outros profissionais**. Disponível em: http//:últimosegundo.ig.com.br/educacao/2014-06-11/no-brasil-salario-de-professor-e-metade-do-que-recebem-outros-profissionais.html. Acesso em: 8 mar. 2016.

VERGARA, Sylvia C. **Projeto e relatório de pesquisa em administração**. 7. ed. São Paulo: Atlas, 2011.

VIEIRA. M.V. *et al*. **Revista Reflexão e Ação**, Santa Cruz do Sul, v.21, n. esp., p.316-334, jan./jun. 2013. Disponível em: http://online.unisc.br/seer/index.php/reflex/index. Acesso em: 23 ago. 2015.

VIEIRA, Sofia L.; VIDAL, Eloísa M. Política de financiamento da educação no Brasil: uma (re)construção histórica. *In:* PERES, Alexandre José de Souza; VIDAL, Eloísa Maia (org.). **Em Aberto** - O FUNDEB em Perspectiva. Brasília: Inep/MEC, 2015. v. 28, n. 93.